GLOBAL SHOCKS:

AN INVESTMENT GUIDE FOR
TURBULENT MARKETS

穿越动荡：

四十年经济危机解读

［美］尼古拉斯·P. 萨根（Nicholas P. Sargen）著

杨柳勇　高　俊译

中国金融出版社

责任编辑：王效端　王　君
责任校对：张志文
责任印制：陈晓川

北京版权合同登记图字01-2018-1442

图书在版编目（CIP）数据

穿越动荡：四十年经济危机解读/（美）尼古拉斯·P.萨根（Nicholas P. Sargen）著；杨柳勇，高俊译.—北京：中国金融出版社，2020.12

ISBN 978-7-5220-0077-0

Ⅰ.①穿…　Ⅱ.①尼…②杨…③高…　Ⅲ.①经济危机—研究—世界

Ⅳ.①F113.7

中国版本图书馆CIP数据核字（2019）第075954号

穿越动荡：四十年经济危机解读
CHUANYUE DONGDANG：SISHI NIAN JINGJI WEIJI JIEDU

出版
发行　**中国金融出版社**
社址　北京市丰台区益泽路2号
市场开发部　（010）66024766，63805472，63439533（传真）
网上书店　http://www.chinafph.com
　　　　　　（010）66024766，63372837（传真）
读者服务部　（010）66070833，62568380
邮编　100071
经销　新华书店
印刷　北京市松源印刷有限公司
尺寸　169毫米×239毫米
印张　10
字数　175千
版次　2020年12月第1版
印次　2020年12月第1次印刷
定价　42.00元
ISBN 978-7-5220-0077-0

如出现印装错误本社负责调换　联系电话（010）63263947

Foreword
序 言

《穿越动荡：四十年经济危机解读》一书对20世纪70年代至今发生的一系列货币危机、资产泡沫和金融危机事件的主要原因作了跟踪分析，并为投资者提供了有价值的见解和投资教训。

20世纪70年代初，布雷顿森林体系可调整固定汇率制的崩溃，产生了深远的影响。这也给金融管理者带来了巨大的挑战——如何在货币价格急剧波动的情况下（往往多见于银行业危机）使财产免受损失。此次危机期间，大量货币出现断崖式暴跌。过去，在货币之间能够维持平价关系时，管理者可以选择相对低成本的"单向期权"（One-way Option），即卖空预期可能贬值的货币。如果卖空的货币贬值，他们将从中获利；反之，由于货币价格上涨受到了平价承诺的限制，他们只需承担轻微的损失。

浮动汇率的支持者认为，一旦货币脱离平价关系，这种单向期权就会消失（正如现实中发生的那样）。有些人甚至断言，货币市场是有效的或非低效的，而且无论每小时还是每一天的货币价格都是随机游走的。他们确信，货币市场价格会根据新的信息及时作出调整，所以货币交易中不存在获取超额利润的机会。

然而，随之而来的变化却令浮动汇率的倡导者始料未及。数据显示，货币价格存在长期波动，且波动模式为价格经历长时间的超调

（Overshooting）后突然发生转变，进入调整不足（Undershooting）。现在标准的看法是，货币的远期市场价格不能有效预测远期合约到期日的即期市场价格，远期汇率往往"低估"了远期合约到期时即期市场货币价格的变化。不难推断，货币价格对新信息的调整是长期的而非即时的，因而投资者可以从中获取超额利润。

至于原因，我的解释是浮动汇率的支持者误以为国际资本流动是内在稳定的。然而，正如尼古拉斯·萨根（Nicholas P. Sargen）在本书中所言，过去40年的经验与之恰好相反："事实上，国际资本流动的变动不仅导致了货币的过度波动，也导致了资产价格的异常波动。"这些波动反过来又受到中央银行和政府政策以及市场参与者对经济发展情况和相关政策反应的影响。

本书重点关注了汇率市场的三大主要群体。第一类是商品市场交易者——利用不同国家同类商品之间的成本和价格差异套利的进口商和出口商。第二类是从利差和预期汇率变化中获利的套利交易投资者。第三类是从货币价格的长期波动中获利的货币交易者。他们主要对套利交易投资者的"买入并持有"（Buy-and-hold）策略进行回购交易。这些货币交易者对购入的外币采取"赚了就跑"（Hit-and-run）策略：持有头寸—获利或止损—把盈利存入银行，然后不断重复这个过程。

这种相互作用的结果是，浮动利率的最大受益者变成了大型银行和其他货币交易公司。然而，自20世纪80年代以来，它们也一直处于金融危机的中心。在这种情况下，长期投资者为了保护自己能做些什么呢？尼古拉斯·萨根的书对投资实践者而言最大的帮助是它阐明了市场行为演进的一般模式。精明的投资者一旦了解了危机背后的驱动力，就可以利用这种模式。

罗伯特·阿利伯（Robert Z. Aliber）

2016年6月3日

Preface
前 言

本书探讨了那些使国际金融体系饱受动荡的冲击如何将投资的世界从"买入并持有"(Buy-and-hold)策略转变为如今资产泡沫和金融市场震荡频发的形态。尽管专业投资者在现代投资组合理论方面受过良好的教育,但他们缺乏在股票、债券和货币市场彼此高度相关的动荡期内进行决策的框架。年轻的投资者和金融机构实习生的处境更加不利,他们只了解利率处于零的后危机时代的经济环境(本书从从业者的角度出发,首次为读者提供了在市场动荡时期进行资金管理的工具和指导原则)。

2004 年科技泡沫破裂后,我构思了这本书,当时我在达顿商学院(Darden School of Business)教授一门旨在指导 MBA 学员应对市场动荡时期资金管理的课程。课程内容涵盖了对 20 世纪 70 年代初布雷顿森林体系崩溃以来的货币危机和资产泡沫的案例研究,其中的一些内容在本书中有所涉及。

在 2008—2009 年国际金融危机之后,这个话题变得尤为重要,因为它向人们展示了金融冲击可能带来的破坏性影响。有了 40 年的国际市场经验,我原以为我能应对任何状况。然而,我却没有经历过金融资产急剧抛售,除了国债和现金无处可投的情形。于是,我开始思考投资者在这种情况下应该做什么,以及在历史文献中是否有些内容可以指导他们。

我很快意识到，以往针对资产泡沫和金融危机的研究虽然有趣且富有洞察力，但并不能为人们在危机形势下的资金管理提供有效帮助。一个可能的例外是罗伯特·希勒（Robert Shiller）的《非理性繁荣》（*Irrational Exuberance*），在书中希勒揭示了很多人在投资科技和媒体股票时完全忽略了估值。希勒是最早宣称美国房地产市场存在泡沫的人之一，但他对投资者行为的解释却没能完全说明问题，他没有揭示资产泡沫和金融危机日益频繁的原因，也没有说明在泡沫持续很长一段时间后，理性（价值型）投资者所面临的挑战。

我认为，国际清算银行（BIS）的经济学家所做的研究有助于找出资产泡沫和银行危机的原因以及建立早期预警系统以探测未来的泡沫。[1] 荣誉退休教授罗伯特·阿利伯（Robert Z. Aliber）在即将出版的书中拓展了国际清算银行的分析，考虑了自 20 世纪 80 年代初以来，国际资本流动对四次货币危机和银行危机的影响。阿利伯的观点表明危机并不是孤立存在的，这促使我去考察市场行为是否存在一般性模式。

我的论点是，理解不同危机中共同因素的投资者，不仅有机会生存下来，还能最终从中受益。本书的主要发现之一是，20 世纪七八十年代盛行的一系列货币危机在利率和汇率变动方面都遵循了可预测的模式。然而，随之而来的资产泡沫却并非如此。在书中，我研究了为什么资产泡沫更难提前发现，也解释了为什么它们会根据政策反应的不同而有所变化。

本书还展示了过去 40 年来危机的本质是如何演变的。因此，尽管 20 世纪七八十年代的货币危机主要集中在高通胀的赤字国家，但是如果低通胀的盈余国家的金融体系出现流动性或偿付能力问题，它们也会遭遇金融问题。从这个方面来看，投资者面临的任务比过去更具挑战性，因为他们现在必须考虑包括借贷双方资产负债表在内的更广泛的因素。

另一个关键的发现是，即使投资者没有预料到泡沫何时会破裂，他们仍然可以通过投资超卖的资产来获取收益。然而，要做到这一点，就需要投资者制订适当的计划，并在确信决策者知道如何稳定金融市场并能果断采取行动时实施自己的计划。通过遵循这一程序，我们的公司在金融危机后经营状况较好。我希望本书也能帮助读者提高预测危机以及开发投资策略的能力。

注释

[1] 国际货币基金组织对这一论题的讨论参见第八章关于2008年国际金融危机的研究。

Acknowledgement
致　谢

　　我面临的最困难的任务之一就是列举出无数影响我事业和本书主题的人。但我要特别感谢两个人——罗伯特·阿利伯（Robert Z. Aliber）和亨利·考夫曼（Henry Kaufman）。

　　40年前，我在旧金山联邦储备银行第一次见到了罗伯特·阿利伯，自此他的指导便影响了我的整个职业生涯。出色的分析和跟踪记录使他成为世界上最佳的资产泡沫发现者，并且他也激励我写这本书。

　　20世纪80年代中期，我有幸为亨利·考夫曼（Henry Kaufman）工作，并成为他在所罗门兄弟公司（Salomon Brothers）建立的研究帝国的一分子。亨利在投资研究领域是遵循专业标准和诚信的典范，他还聘请了许多有才华的研究人员，包括我的同事约翰·利普斯基（John Lipsky）和金·舍恩霍尔茨（Kim Schoenholtz）。斯坦·科格曼（Stan Kogelman）是所罗门的一位前同事，他为本书提出了宝贵的修改建议。

　　我还要感谢摩根大通（JP Morgan）的同事，尤其是最初雇用我的里默·德弗里斯（Rimmer de Vries）和使我成为私人银行全球市场策略师的约翰·奥尔德斯（John Olds）和苏珊·贝尔（Susan Bell）。在摩根的时候，我和一群非常有才华的人合作，其中包括我的知己肖姆·巴塔查亚（Shom Bhattacharya）和培训项目的负责人大

1

卫·凯尔索（David Kelso）。

约翰·巴雷特（John Barrett）建立了一家坚如磐石的金融机构——西南金融集团（Western & Southern Financial Group）。进入华尔街工作后，在他的领导下，我成为西南金融集团的首席投资官。我也很感激该公司的附属公司——华盛顿堡投资顾问公司（Fort Washington Investment Advisors）总裁玛丽贝丝·拉西（Maribeth Rahe）以及在投资组合管理中表现得十分出色的同事们。布伦丹·怀特（Brendan White）阅读了手稿并提供了极好的建议，值得特别赞扬，而凯西·劳登（Kathy Louden）做了充分的准备工作。

我还要感谢达顿商学院允许我讲授这门课程，尤其是雇用我的艾伦·贝肯斯坦（Alan Beckenstein），对我的原稿提出宝贵修改意见的爱德华·赫斯（Edward Hess）以及负责管理梅奥投资管理中心（Mayo Center for Investment Management）的乔治·克拉多克三世（George Craddock Ⅲ）。另外，我也很感激 CFA 协会杰瑞·平托（Jerry Pinto）的支持。

最后，谨以此书献给我刚刚去世的妻子苏珊，对她的回忆激励着我不断前行。

Contents
目　录

图 录

表录

Chapter One

概述：货币危机与资产泡沫期的
一个投资框架

第一章

本书力求成为一本实用指南，并在识别金融危机，特别是识别货币危机和资产泡沫前兆方面为投资者提供指导。全书以十个案例研究为基础，从因果关系、决策者和市场参与者的反应及其最终解决方案等方面对这些案例进行了全面的剖析。此外，本书还希望通过提供以下信息帮助新老投资者在市场非正常运行时提升理财技能：（1）关于市场在危机中运行方式的理解框架；（2）投资决策的制定过程；（3）泡沫破裂和市场复苏阶段的投资指导。

本书凝结了我在担任国际经济学家、华尔街全球市场战略家和一家《财富》500 强金融机构的首席投资官时获得的核心投资理念，书中每一章所涉及的事件都曾改变国际金融体系，而我也从中汲取了宝贵的理财经验。

本书的前半部分主要分析了一些货币危机事件，它们无一例外都需要采取协调政策来稳定金融市场。这些危机纵跨 20 世纪 70 年代早期至 90 年代早期，包括布雷顿森林体系的崩溃、最早两次石油危机的冲击、20 世纪 80 年代初沃尔克 / 里根政策转型、20 世纪 80 年代中期美国、德国、日本三国集团（G3）决策者试图操纵美元有序下调过程中遇到的问题以及 1992—1993 年对"欧元区"（Euro-zone）概念的投机性攻击。

本书的后半部分研究了 20 世纪 80 年代末起源于日本并随后席卷全球的资产泡沫，包括 1997—1998 年的亚洲金融危机、21 世纪初科技泡沫的破裂、2008—2009 年的国际金融危机。第十一章专门探讨了中国的经济发展情况。

本章的首要目的是阐述这些危机之间的联系，并说明如何利用相关经验推断未来的危机和泡沫。为此，本章引入了20世纪80年代中期我和同事约翰·利普斯基（John Lipsky）在所罗门兄弟公司开发的一套关于汇率和利率变化的分析框架。这一框架后来有所调整，调整后的框架更有利于分析过去25年中普遍出现的资产泡沫。

货币危机和资产泡沫的主要区别在于，货币危机存在系统的市场波动模式，而这一模式在资产泡沫中则不甚明显。因此，我的结论是，相较于具有典型演变方式的货币危机而言，决策者、经济学家和投资者其实更难理解资产泡沫的形成方式。

虽然资产泡沫的分析框架不一定能提高投资者预测未来泡沫的能力，但是一旦泡沫破灭，它将有利于投资者评估政策和市场反应及其最终结果。这样一来，投资者可以减轻资产泡沫造成的损失，甚至可以反过来利用泡沫。

通货膨胀改变了投资世界

过去40多年间，金融市场和投资环境发生了巨大变化。按现在的标准来看，20世纪60年代的投资非常简单——首先，当时通货膨胀受到较好的约束，金融体系受到严格监管，国际资本流动以贸易融资为主。其次，债券收益率低且波动幅度不大，所以投资者满足于获取利息，股票投资者也愿意长期持有。其中，二战后到60年代中期，股票平均持有期为5年，而过去10年则为1~1.5年。[1]另外，由于在布雷顿森林体系下，货币围绕与美元挂钩的汇率窄幅波动，货币风险并不普遍。

20世纪70年代初，随着国际资本流动的加强以及通货膨胀压力的加剧，平稳的市场环境完全被倾覆，固定汇率的布雷顿森林体系随之瓦解。之后的10年里，金融市场经历了一系列货币危机——涉及美元和其他常年疲软的货币如英镑、法国法郎和意大利里拉等。这些货币危机的共同之处在于这些国家的通货膨胀率都远高于德国和瑞士，随后受到第一次石油危机冲击的日本也是如此。

当时，货币的分析工具也很简单，包括了解如何解释国际收支统计数据以及如何应用购买力平价（PPP）和利率平价（IRPT）的概念。根据购买力平价，两国之间的汇率变动与通货膨胀率之差相等，因此不会影响其国际价格竞争力。而利率平价指的是套利条件，即两国货币利率差反映的是两种货币之间的远期和即期汇率之差。

假设这些条件都成立，那么只要货币变动与各自通货膨胀率的差异相符，投资者不会在意持有的是低收益货币（如德国马克或瑞士法郎）还是较高收益的货币（如美元或英镑）。然而，在20世纪70年代购买力平价却出现很大偏差。当时投资者最佳策略是看多德国马克和瑞士法郎，而通货膨胀率或利率差都不能充分地解释这一现象。实际上，这些货币升值的原因之一在于美国联邦储备银行、英格兰银行和其他中央银行在面临猖獗的通货膨胀时反应迟缓，并总是落后于形势变化。因此，投资者看多那些持续强劲的货币并看空短期高收益的货币或"弱"货币是有道理的。

对于债券投资者来说，相较于以美元和英镑计价的债券，以德国马克或瑞士法郎计价的债券价值更高。因此，虽然这些债券的名义收益率较低，投资者在利率上升时也并没有大量出售这些债券，从而获得了更好的资本保值。

消除通货膨胀改变了既有的平衡

就在投资者似乎已经找到能够跑赢市场的策略时，美国和其他高通胀国家决策者也开始意识到他们需要跑赢预期来让市场参与者相信他们打击通胀的决心。这一转变始于1979年英国撒切尔夫人的竞选，并借由保罗·沃尔克（Paul Volcker）担任美联储主席和罗纳德·里根（Ronald Reagan）当选总统的契机，扩散到美国。紧缩的货币政策与扩张性的财政政策相结合导致美国和英国的利率远高于通胀和通胀预期。

20世纪80年代上半叶的这些变化颠覆了传统的货币分析。因此，尽管美国和英国经常账户赤字很大，但得益于较高的实际利率和对这些货币的支持，大量国际资本的不断涌入使美元和英镑稳中有升。然而，80年代中期，美国企业遭遇了激烈的国际竞争，而国内经济又日益疲软，这引起了里根政府的担忧。当时，美国决策者面临着这样一个难题，即如何在避免投资者丧失信心的情况下，大幅下调美元汇率。为此，他们设法取得了德国和日本等七国集团（G7）决策者对起草《广场协议》（the Plaza Accord）的支持。

我和约翰·利普斯基发现，自布雷顿森林体系瓦解之后，一种新的系统性变化模式驱动着利率平价关系。我们使用图1.1所示的象限图来说明这些变化。

例如，在20世纪70年代，美元位于西北象限，即"危机区"（Crisis Zone），当时持续的美元疲软导致持有美元资产的投资者要求更高的风险溢价。保罗·沃尔克时期货币政策制度的转变对于引导资本流入和巩固美元至关重要，这在图1.1中表现为投资组合转向东北象限。随着时间的推移，投资者逐渐恢复对美联储的信心，尽管此时利差收窄，美元仍在继续加强，即投资组合转向东南象限。最后，决策者利用宽松的货币政策策划了美元的有序下滑，周期完成，投资组合位于西南象限。

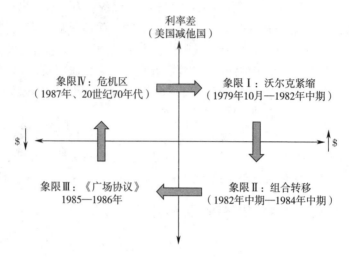

图 1.1　汇率变动与利率差（20 世纪 70—80 年代）

象限图的优势在于，它预测了利差变动与 10 年期以上美元走势的顺时针关系。因此，在推荐国际债券和货币组合时，我们会先弄清楚当时市场所处的象限以及接下来的转移趋势。这样一来，我们就能对国际债券与美国债券的投资比重，以及是否需要对冲外币敞口提出建议。另外，我们也能据此推断出美国货币政策在 1987 年初的紧缩需要（旨在稳定美元），以及随后的 9—10 月的《卢浮宫协议》（the Louvre Accord）的崩溃。[2]

在《马斯特里赫特条约》（the Maastricht Treaty）被确立为欧元区的准入标准之后，这一框架也可以用来理解 20 世纪 90 年代初期欧洲的市场力量。其中，准入标准包括通货膨胀率与其他成员保持一致及汇率维持在欧洲汇率机制（ERM）的波动范围内。投资者接受了欧元区的概念，认为外围国家的通胀率都能和德国保持一致。所谓的"趋同交易"（Convergence Trade）也受到投资组合管理者的追捧，他们积极购买外围债券并出售低收益货币来对冲货币敞口。

然而，这一策略也有一定的风险，比如当国际债券基金全都采取相同措施时，它就成了"拥挤的交易"（Crowded Trade），此时，任何改变投资者预期的事件都可能导致市场力量大幅逆转。这正是丹麦否决《马斯特里赫特条约》之后发生的事，当时包括乔治·索罗斯（George Soros）在内的一批杰出的对冲基金经理都认为高收益债券和货币面临抛售。

20 世纪 90 年代初期欧元的处境与此前美元的处境截然不同，即象限图上没有出现顺时针旋转。相反，欧洲汇率机制中的货币只在"风险追逐"（Risk On）模式（东南象限）和"风险规避"（Risk Off）模式（"危机区"）之间波动。而投资者只能自己判断应当采取哪种策略。值得注意的是，在 2010 年至 2012 年欧元区危机期间，这种行为再次出现。

我一直在思考为什么过去 20 年中，象限图顺时针旋转的现象不再普遍。结论是，由于各国中央银行逐渐瞄准 2% 的通货膨胀率，随着时间的推移，它们能够更加熟练地实现目标。所以，20 世纪 90 年代的通胀率之差远远小于 70 年代和 80 年代（见图 1.2）。同时，这也意味着通胀率之差已不再是汇率变动的强大驱动力。

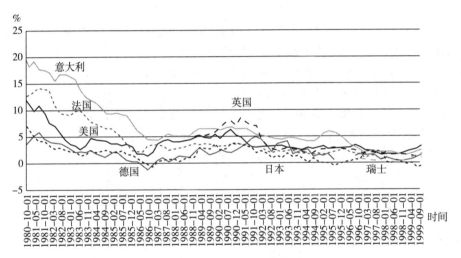

图 1.2 1980—1999 年通胀率趋同

（资料来源：IMF）

资产泡沫的出现

就在中央银行赢得这场通胀战争的胜利之际，决策者却遇到了以资产泡沫形式出现的一系列新问题。这种现象于 20 世纪 80 年代末首次出现在日本，90 年代中期再次出现在东南亚，之后，又通过 90 年代后期的科技泡沫和 2003 年至 2007 年的房地产泡沫扩散到美国和欧洲。这些事件引出了以下问题：（1）为什么资产泡沫在过去 20 年变得这么普遍？（2）为什么它们对现在的决策者和投资者更具挑战性？

第一个问题可以从文献中找到以下几种解释方法。一是从行为本质角度进行分析，耶鲁大学的罗伯特·希勒就曾指出资产泡沫是由非理性繁荣造成的。希勒成功预测了 20 世纪 90 年代后期的科技股泡沫和 2004 年前后的房价泡沫，[3]并因资产泡沫方面的工作获得诺贝尔奖。他的预测方法之一就是考察长期价格趋势的偏离，而上述两种资产泡沫情形中都存在十分明显的价格偏离。总而言之，希勒对泡沫的解释源于人类的行为和心理。

二是将资产泡沫与信贷的快速增长及宽松的信贷市场条件相结合。这一观点出自奥地利经济学派，其中主要倡导者是国际清算银行（BIS）前经济顾问威廉·怀特（William White）和他的继承者克劳迪奥·博里奥（Claudio Borio）。怀特和博里奥对金融不稳定的原因进行了广泛的研究，并引导 BIS 重点监测金融市场的不稳定性。[4]与此相关的另一种解释方法是关注资产泡沫的国际维度及国际资本流动在资产繁荣和萧条中所起的关键作用。主要观点来自芝加哥布斯商学院的荣誉教授罗伯特·阿利伯。阿利伯也是查尔斯·金德尔伯格（Charles Kindleberger）的经典之作《疯狂、惊恐和崩溃》（*Manias，Panics and Crashes*）[5]的合作者（有关这些方法更详细的讨论，参见本章附录）。

上述方法都对资产泡沫的形成提供了深刻见解。有趣的是，这些资产泡沫都发生在经济发展强劲和低通货膨胀时期，即美联储主席本·伯南克（Ben Bernanke）称之为"大稳健"的时期（The Great Moderation）。正如威廉·怀特所说，各国中央银行认为它们的首要任务是恢复低通胀，但是从 20 世纪 70 年代中期开始，随着金融放松管制和自由化，全球资本市场一体化程度不断加强，货币政策的运行背景发生了本质的变化。金融自由化的后果之一是增加了金融服务业的竞争压力以及获得离岸资金的机会。此外，发生在信息技术转型期的金融自由化催生了证券化和多种对冲头寸或进行杠杆操作的交易工具。

图 1.3 所示的资产泡沫思考框架将东南象限视为其滋生地或出发点。这一象限被标记为"福佑区"（Bliss Zone），这是经济周期中条件适宜、利率较低且各货币都表现得稳定而坚挺的一个阶段。在这种情况下，投资者通常对未来持乐观态度，偏好风险和高收益，投资手段包括增加高收益债券、股票和房地产的风险敞口。由于风险的可控性，债权人也乐意提供资金。同时，由于通货膨胀得到良好的控制，各国中央银行并未被迫抑制信贷增长。

相较于传统的货币危机，资产泡沫给决策者和投资者带来的挑战更大，主要源于以下三个方面。一是问题诊断的差异。引起货币危机的条件是众所周知的，即随着经常账户状况恶化，外汇储备日渐枯竭，当局为吸引资本不断提升利率，货币压力逐渐增加。相比之下，发生资产泡沫时的经济条件看起来通常是良好的，泡沫破灭之前往往没有任何危机的迹象。究其原因，主要是资产泡沫往往与金融机构及其客户的资产负债表有关，而财务杠杆和资产负债错配的关联程度又缺乏透明性。这样一来，一旦泡沫破裂，经济形势将急剧恶化。

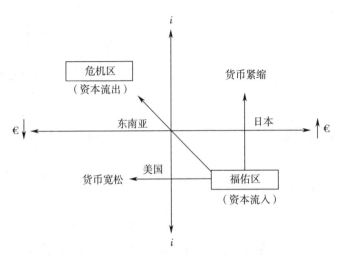

图 1.3　象限图与资产泡沫

不过泡沫形成具有共同的特征，即信贷的快速扩张导致债务累积速度远大于经济增长速度。许多情形下债务积累源自国外借款，这创生了货币风险的另一诱因。然而，由于泡沫的形成期非常漫长（例如，日本的泡沫和美国的科技泡沫分别形成于 20 世纪 80 年代后半叶和 90 年代后半叶），因此很难精确地确定泡沫的时间。然而，在投资领域，时机却是决定成败的关键。

二是相较于货币危机，资产泡沫的政策反应更加多样化。例如，1989 年日本中央银行决定收紧货币政策，并维持政策紧缩数年，从而导致日本泡沫的破裂（这一举措如图 1.3 所示，转向东北象限）。而亚洲金融危机则始于东南亚的货币贬值浪潮，这些国家也因此进入"危机区"。虽然最先采取了紧缩的货币政策来阻止资本外逃，但在银行体系受到威胁时其他措施也被采纳。

美国在科技泡沫和房地产泡沫中采取了反向的政策，即美联储两次都将利率下调到接近零点的水平，并向市场大量注入流动性，这在图 1.3 中表现为移向西南象限。这一政策与美联储主席艾伦·格林斯潘（Alan Greenspan）和本·伯南克的看法是一致的，即中央银行的责任是在泡沫破灭后提供充足的流动资金，而不是像日本中央银行那样戳破泡沫。美联储之所以能够采取这种方式，是由于：（1）美联储被投资者视为可信的反通胀战士；（2）美元是世界储备货币。因此，尽管当时"双赤字"（Twin Deficit）使美国极容易受到资本外逃的威胁，但科技泡沫之后美元却经历了有序贬值，并在 2008—2009 年的国际金融危机之后逐渐走强。

三是资产泡沫的后果差异很大。日本资产泡沫的破裂导致近 20 年的经济停滞和通货紧缩。相比之下，东南亚经济则受益于大幅的货币贬值并在危机后的 10 年中经历了强劲的出口导向型增长。就美国而言，次贷危机造成的经济影响远甚于科技泡沫破灭的影响，这是因为前者与金融部门的关联比家庭部门更加密切。不过，得益于企业利润的增长与美联储量化宽松的刺激，美国股市和其他风险资产经历了强力复苏。在我看来，美国和日本资产泡沫影响的差异折射出美联储激进的政策立场以及美国公司和金融机构在金融体系濒临崩溃时的快速调整。

资产泡沫应对指南

意识到这些问题后，投资者又该如何避免未来资产泡沫的影响呢？我认为这个问题不存在简单的答案，因为事先识别泡沫并评估出其对经济和金融体系的影响是十分困难的。

但有一点也很明确，即投资者一定不能忽视未来泡沫产生的可能性。我认为，从长期来看，自律的、价值导向的投资者能够取得最好的表现。他们不仅不太可能出现泡沫心态，还倾向于在泡沫破裂后寻找机会，而不是像其他人一样不分青红皂白地抛售证券。当然，投资者在动量投资风潮中所面临的挑战不容低估：如前所述，1995 年到 1999 年，价值投资者没能跑赢大盘。那么当时的挑战就是在资产流失的情况下，他们如何保持自律。

我遵循的四阶段决策过程如下：（1）对问题根源的诊断；（2）对政策响应适当性的评估；（3）对市场定价结果的评估；（4）投资组合的配置及风险控制的实施。

问题诊断

在进行危机分析时，首先要评估引起金融市场动荡的冲击或干扰因素的性质。有时造成危机的因素是显而易见的，例如石油危机的冲击或日本资产泡沫和美国科技泡沫的破裂。但在其他情况下，如在 1997 年亚洲金融危机或 2008 年国际金融危机中，这一问题的答案就变得不确定了。上述两种金融危机都始于一些相对较小的问题——泰国的货币贬值和美国的次贷问题。然而，它们随后就演变成了大麻烦并威胁到整个亚洲地区和全球金融体系。随着经济环境的不断恶化，投资者对危机的走向十分茫然，就像军方领导人描述的"战争迷雾"（The Fog of War）一样。我的建议是，投资者不应当急于作判断，而应随着新信息的揭露不断调整评估。这在金融机构资产负债表缺乏透明度、经济主体相互依赖严重的情形中尤为重要。

政策评估

一旦危机爆发，最重要的事情就是评估决策者是否能够提出适当的改善措施，以及是否有权采取果断大胆的行动。从定义上看，危机意味着投资者对政策失去了信心，因此，决策者必须采取适当的措施来恢复投资者的信心。另外，新政策的制定往往受到政治因素的影响。以日本为例，在 20 世纪 90 年代我不愿意向投资者推荐日本股市，因为我对日本解决通缩的政策缺乏信心。相比之下，我十分看好本·伯南克稳定美国金融体系的能力，而这种能力正是得益于他对美国经济大萧条和日本资产泡沫政策失败的正确解读。当时，实施量化宽松政策是颇受争议的，一些经济观察人士认为，美联储的这一举措将会引发通货膨胀。然而，他们没有料想到，由于银行贷款一直不温不火，银行准备金的增加并没有导致货币供应量的持续增长。

市场反应

市场参与者们甄别哪些信息已被市场定价，然后确定他们是否与市场的判断一致，这是稳健投资的核心内容之一。这种方法适用于经济周期的每一阶段——无论是繁荣期还是萧条期。与市场正常运行时期不同的是，危机期间最重要的是准确把握大局。在 20 世纪 80 年代后期的日本泡沫和 90 年代后期的美国科技泡沫时期，其股票市场市盈率的增长都高于经济增长数倍。另外，美国的房地产泡沫时期，房价也远高于可持续价值。但是一旦泡沫破灭并且股市打对折出售，美国股市就会以其重置价值被有效定价，泡沫对当前的业务和未来的投资而言并没有什么价值。所以，尽管当时投资者迎来了大量的买入机会，但很多人因害怕损失仍持观望态度。

投资组合配置及风险控制

在危机期间管理资金的主要不同之处在于，由于危机期间不同资产间的一致相关性，投资组合的多元化不能在投资者最需要的时候为其提供足够的保护。例如，在国际金融危机期间，几乎所有的风险资产——企业债、股票、房地产、商品等都遭受重创，唯一的藏身之处就是"安全"资产，如现金、美国国债和黄金。相反，在复苏期间，风险资产的表现远胜于无风险资产。在始于2010 年的欧元区危机期间，市场在"风险追逐"和"风险规避"中来回转换的现象十分普遍。在这种情况下，现代投资理论的原则对投资者毫无用处。

那么，投资者应当采取什么策略来保护自己？最常见的做法可能是杠铃策略（Barbell Strategy）——由于在危机期间利用市场择时几乎是不可能的，所以投资者可以持有大于正常水平的安全资产以摆脱危机。杠铃策略可以抑制整体投资组合的波动，但一旦市场复苏，它也可能导致资金管理者的表现落后于市场和同行。这些投资者内在的困境是：一旦市场出现抛售及交易价格下降，投资者就有机会大幅跑赢大盘；但是，如果没有预见到危机或不能适应这些危机，先前成功的资金管理者可能被市场淘汰。

我的关键词是，投资者既要多花时间思考危机和资产泡沫的风险，同时也要认识到事先识别资产泡沫的内在困难性。一旦泡沫破裂，投资者应当首先客观诊断问题，然后判断政策响应的适当性。如果投资者对经济政策效果缺乏信心，最好的策略就是观望而非购入貌似便宜的风险资产。而如果投资者判断政策会起作用，那他最后成功的可能性就很大。最后，我的座右铭是保持灵活性，养精蓄锐以便伺机再战。

附录：金融机构在危机中的作用

本书重点关注了布雷顿森林体系瓦解以来发生的一系列极具挑战性的危机。本书主要区分了两类危机，即 20 世纪 70—80 年代高通胀环境中以美元为中心的货币危机和低通胀时期的资产泡沫。在附录中，我们重点讲述 80 年代以来越来越普遍的第三类现象，即银行、证券公司和所谓的“影子银行”在金融危机中所起到的渠道作用。

根据罗伯特·阿利伯的研究，过去 40 年是经济史上最为动荡的时期，他识别出四波金融危机：（1）20 世纪 80 年代初期发展中国家债务危机；（2）80 年代末日本房地产和股市泡沫；（3）90 年代墨西哥、巴西、阿根廷和亚洲新兴经济体的危机；（4）美国、英国、爱尔兰、冰岛等几个国家的房地产泡沫。[6] 阿利伯指出：“这四波危机中，外债波动、证券价格波动和货币波动之间很可能具有内在关联”。他还注意到布雷顿森林体系瓦解以来银行危机与货币危机密切相关：

“过去 40 年间，90% 以上的银行业危机牵涉到货币危机，而每一次的货币危机都涉及银行危机。而在 20 世纪五六十年代，银行危机或货币危机与当局是否愿意或是否有能力维持货币平价没有直接的联系……

自 20 世纪 80 年代以来，每一次货币危机都涉及一国借款人以美元或其他外币计价的债务违约。一部分是政府的负债，其他则是一些国内银行的借款，其中这些银行一般是在国外银行业中心出售其借据（IOUs）以获得资金来增加国内放款。从数据中可以得出这样的规律：除非受到央行干预政策的限制，随着货币价格上涨，跨境投资流入的增加总是与国家贸易赤字的增长相伴而生。"[7]

依据前述的象限图，阿利伯所说的状况正处于"福佑区"——得益于货币升值和利率下降，资本大量流入。随着事态的发展以及货币被高估，央行通常会采取宽松的货币政策，从而进一步提振资产价格，直至价格达到不可持续的水平。最终这一过程将反转，即出现资本外逃，并导致货币贬值、债券收益率上升以及资产价值下跌，进入图中的"危机区"。

这个发现带来了一个重要的问题，即如何理解银行和其他类型的金融机构在危机中所起到的渠道作用？在国际金融危机爆发之后，海曼·明斯基（Hyman P. Minsky）大受称赞，而这位原创思想家的工作之前大都被经济学界忽视了。[8] 明斯基的中心论点是在资本主义体系中金融体系存在固有的顺周期性和不稳定性，这被称为"金融不稳定假说"（Financial Instability Hypothesis）。其实质是银行和其他金融机构愿意在经济条件好的时候以有吸引力的条件放款，但是，一旦经济开始恶化，它们便不愿意续贷，这也被称为"明斯基时刻"（Minskey Moment）。

我的职业生涯很大一部分是在华尔街度过的，所以我能理解这种行为。在20世纪七八十年代石油危机期间，我第一次观察到这种现象，当时，跨国银行认为贷款给欠发达国家有利可图，并经常发放贷款，直到墨西哥、巴西和阿根廷（也称为MBAs）的外汇储备消耗殆尽。银行家们犯了一个严重的错误，他们没有意识到，这些国家的经济只是因为资本净流入的增加而得到短暂的提振，一旦外部环境恶化，这些银行的贷款业务便会入不敷出。他们没有预料到银行会集体拒绝提供贷款。拿不到新的贷款，借款人也不能继续偿还既有贷款。在欠发达国家债务危机期间，主权国家的大部分借款来自跨国银行，但当这些银行对MBAs国家的贷款超出其资本时，它们也自身难保。

20世纪90年代，跨国银行觉得这些国家已经认识到了自身的问题，因为像墨西哥和阿根廷这样的国家不再有巨额的预算赤字，尽管这些国家的经常账户失衡仍然较大，但主要反映在包括当地银行在内的私人机构的借款上，因此，跨国银行认为这些国家的主权贷款的风险较小。但是，1994年墨西哥总统选举之后，人们发现墨西哥的汇率被高估，于是资本不断外流，并遵循了上述提及的资本外逃引发货币贬值和资产价值下跌的模式。跨国银行在拉丁美洲再一次受挫，随后它们又将重点转移到新兴亚洲经济体，但新兴亚洲经济体不久便遇到了商业地产泡沫（参见第八章）。

越来越频发的金融危机

为什么 20 世纪 80 年代以来金融危机越来越普遍了？最常见的解释是，监管结构发生了重大变化，而这些变化有助于国内信贷和国际资本流动的快速扩张。首先，美国和其他发达经济体纷纷改进了过时的监管结构（如联邦储备系统 Q 条例中的美国利率上限），放松了金融管制，提高资源整合效率。90 年代末美国又废除了《格拉斯—斯蒂格尔法》（*Glass-Stegall Act*），允许商业银行和投资银行直接竞争。其次，日本和欧洲国家开放了外汇限制，允许国际资本自由流动。日本将这一举措作为大量增加外汇储备的必要举措，而欧洲废除资本管制则是为了创造单一货币。最后，影子银行兴起。影子银行是与商业银行相似但不能吸收活期存款的各类金融机构，它们受到的监管也异于商业银行。这些机构在 2008 年国际金融危机期间的作用详见第十章。

除此之外，国际清算银行的研究人员还指出，央行无意中发挥了促进信贷扩张的作用。威廉·怀特和克劳迪奥·博里奥认为，虽然各国央行在抑制通胀方面成效显著，但并未对银行和非银行金融中介机构的信贷扩张给予足够的重视，这为金融危机埋下了伏笔。事实上，金融危机通常能持续 15 年至 20 年，可以跨越多个商业周期。[9] 另外，国际清算银行的研究人员对金融周期的决定因素进行了广泛研究，发现金融危机与房地产泡沫具有紧密的联系：

"尽管目前还没有关于金融周期的一致定义，但广义的金融周期概念涵盖了一系列金融变量（包括数量和价格）的共同波动。BIS 的研究表明，作为杠杆代理变量的信贷总量以及作为抵押品的房地产在这方面具有十分重要的作用。信贷特别是抵押贷款的快速增长推高房价，房价升高反过来又增加了抵押品价值，从而增加了私营部门的信贷额度。融资约束与对价值和风险的认知两者之间相互作用的加强造成了有史以来最严重的宏观经济错位。"[10]

本书对冲击的分类

使用上述分析框架，我们根据冲击是否包含以下特征对本书中出现的各种冲击进行分类（见表 1.1）：（1）货币危机；（2）资产泡沫；（3）银行或金融危机。表中各行表示本书各章所列举的冲击，各列表示其特征。显然，20 世纪七八十年代的高通胀主要源于一系列货币危机（含美元），为应对危机和稳定市场，美国才采取了宽松政策。而在此期间，唯一的一次金融危机发生在欠发达国家债务危机时期，当时 MBAs 和其他欠发达国家的外汇储备不足，其银行贷款额度也因此减少。

表 1.1　冲击的分类

冲击	货币危机 / 问题	资产泡沫	金融危机
布雷顿森林体系瓦解	美元贬值		
石油危机（Ⅰ & Ⅱ）	美元贬值		
欠发达国家债务危机	MBAs		√
1987 年 10 月股票崩盘	美元贬值	√	
ERM 攻击（1992—1993 年）	高收益货币		
日本泡沫	日元升值	√	√
亚洲危机	√	√	√
科技泡沫		√	
2008 年国际金融危机		√	√
中国房地产泡沫		√	未知

相比之下，低通胀环境下发生的冲击都与资产泡沫相关，而其中最严重的冲击还伴随着银行或金融危机。但这不包括科技泡沫，因为银行和金融机构整体上没有持有过多的科技股，所以当时美联储能够遏制泡沫，经济也没有发生大幅度的衰退。然而，由于房地产在家庭财富中占据很高的比重，金融机构存在直接或间接的房地产敞口以及房地产的高杠杆率等因素导致房地产泡沫破裂的影响十分巨大。

注释

[1] Michael Mauboussin and Dan Callahan，Credit Suisse，"A Long Look at Short-Termism，" November 18，2014.

[2] Salomon Brothers Bond Market Research reports，"The US Dollar: Obstacles to Stabilization，" October 10，1986 and "Testing the Louvre Accord，" September 3，1987.

[3] 希勒最著名的书，《非理性繁荣》(*Irrational Exuberance*)，第九章。

[4] 怀特在金融不稳定性方面著作无数，其观点参见本书第十一章。

[5] 除了更新《疯狂、惊恐和崩溃》(*Manias，Panics and Crashes*)，阿利伯正在完成另一本书，即《金融危机之源》(*The Source of Financial Crisis*)。

[6] 同上。

[7] 同上，p.26。

[8] 参见 L. Randall Wray，*Why Minsky Matters: An Introduction to the Work of a Maverick Economist*，Princeton University Press，December 2015。

[9]BIS，*84th Annual Report*，Chapter 4，June 2014.

[10] 同上，pp. 65–66。

第一部分

高通胀时期的投资挑战

第二章

布雷顿森林体系的崩溃
改变世界投资格局

影响二战后金融市场的里程碑事件之一便是 20 世纪 70 年代初国际货币体系完成了从固定汇率制向浮动汇率制的转变。在这一进程中，布雷顿森林体系的瓦解更是具有划时代的意义，它正式宣告了工业国家物价低通胀、经济高增长时代的结束。1971 年 8 月，尼克松政府宣布美元与黄金脱钩（之前的黄金价格为 1 盎司 35 美元的固定价格）正式拉开了这一事件的序幕。当时，我刚从斯坦福大学研究生院毕业并要去美国财政部就职，有两个问题一直困扰着我，即"他为什么这么做"和"这究竟意味着什么"。

当我来到由保罗·沃尔克（Paul Volcker）领导的国际事务助理办公室的研究部时，对第一个问题便有了答案。审查汇率政策的财政部官员担心由于黄金的不断流出和贸易逆差的持续增长，美国会面临国际收支平衡问题。他们希望通过关闭黄金窗口以抑制美元投机，并希望 8%~10% 的贬值能够恢复美元的国际价格竞争力。

然而，在美国及全球通胀飙升之际，美元压力再现，这些希望随之破灭。1973 年 2 月，美元再度贬值，同年秋天爆发了第一次石油危机，美元处境不容乐观。同时，一些人预测他们将遭遇持续 10 年的高通胀和剧烈的经济动荡。连续 20 年的股票高收益和低利率波动，导致金融市场的大逆转，投资者们被迫放弃"买入并持有"（Buy-and-hold）的策略，转而寻求新的盈利和财富增值策略。确实，投资世界从来就不是一成不变的。

今天，鉴于国际资本的巨额流动性和各国维护独立货币政策的意愿，布雷顿森林体系的重建几乎是不可能的。尽管如此，很多人依然怀念布雷顿森林体系下经济繁荣和金融稳定的状态。

布雷顿森林体系的起源

二战后将近 25 年的时间里，国际货币体系一直遵循着西方政府在 1944 年的布雷顿森林会议中通过的一系列协议。当时决策者的首要目标是：（1）建立一套能够促进低通胀和自由贸易的汇率制度；（2）确保该制度在促进长期经济增长方面具有足够的灵活性。

这次会议的召开主要是为了应对两次世界大战之间的全球性经济问题。由于当时各国央行都维持着国内货币供应与黄金储备之间严格的比价关系，所以采用一战前通行的金本位制能够实现第一个目标——币值稳定。然而，20 世纪 30 年代通缩的出现表明金本位制是一把"双刃剑"：黄金储备外流的国家不得不收缩其国内货币供应。

最终，随着经济环境恶化，许多国家被迫放弃金本位制。同时，由于各国纷纷采取"以邻为壑"（beggar my neighbor）的政策，竞争性贬值也随之而来。二战开始后，盛行于 19 世纪末期的自由贸易和资本自由流动制度彻底崩溃。

二战后，决策者们面临的问题是如何建立新的国际货币体系，使其在保持金本位制度固有秩序的同时又有足够的灵活性来适应全球经济形势的变化。最终，布雷顿森林会议的与会者们决定实行"可调整的固定汇率制"。

在这一安排下，每个国家都成为新建立的国际货币基金组织（IMF）的成员国，成员国需要根据黄金来确定其货币的平价。当成员国发生临时性国际收支问题时，即其官方持有的黄金、美元或其他储备货币减少时，IMF 可为成员国提供短期贷款。如果国际收支失衡持续，且发生"根本性失衡"，IMF 还允许成员国更改其货币的黄金平价并调整汇率。

虽然布雷顿森林体系保留了一些金本位制的特征，但它实际上是以美元本位制运作的。例如，美元的面值为每盎司 35 美元，而可兑换性的规定意味着美国政府保证在国际清算中能够以此价格自由兑换黄金。这样，盈余国家积累了黄金或美元（通常以美国国债的形式）储备，而赤字国家只能通过出售黄金或美元来弥补其国际收支失衡。实际上，国际收支通常以美元结算，因为比起有限的黄金供应，美国政府可以无限地创造新债务。这意味着美元既是国际贸易和国际资本流动的融资工具，又是官方储备的价值储存手段。

平稳的开端

在布雷顿森林体系制定初期，全球经济前景尚不明朗。包括约翰·梅纳德·凯恩斯（John Maynard Keynes）在内的许多著名经济学家都认为，美国经济可能会在二战后的和平年代中再陷萧条。凯恩斯主要担心的是国际流动性短缺，为此，他建议创建国际货币来降低流动性短缺风险。而包括在此次会议中担任美国财政部代表的哈利·德克斯特·怀特（Harry Dexter White）在内的其他人则认为，二战后最核心的问题是竞争性贬值和歧视性外汇管制。

然而，这些悲观的观点与事实相去甚远，直至20世纪60年代上半叶，美国和全球经济一直受益于低通胀和二战后的复苏。例如，从50年代初到60年代中期，美国消费者物价指数保持在2%左右，而实际国内生产总值（GDP）平均增长3.5%，这反映了劳动力的不断增加和生产力的快速提高。此外，其他国家的情况也有所好转，在美国及其盟国的协助下，德国和日本已从战争中恢复元气。

在这种环境下，金融资产欣欣向荣。美国的短期利率保持在2%~3%，而国债收益率一直低于4%。美国股市取得了有史以来的最佳表现，50年代股票年回报率接近20%，而60年代上半叶回报率也是两位数。[1]

在这种环境下，多数国家都能够维持货币平价，国际储备随着世界经济和国际贸易的发展不断增加。因此，国际货币体系的压力相对较小。

60年代的国际收支压力

美国的国际收支问题在1960年的总统选举中浮出水面。在竞选期间，约翰·肯尼迪（John Kennedy）担心美国将出现黄金外流的状况。然而，当时大多数经济学家都认为，欧洲和日本二战后复苏强劲，对国际储备的需求也相应增加，因此，资本外流是理所当然的。

尽管如此，1963年美国政府仍对外国借款人的利息征收了15%的联邦税。这种利息平衡税（IET）旨在通过提高外国借款人在美国融资的成本来减少资本外流。然而，它的实际效果则是推动了伦敦市场以美元为基础的融资活动，刺激欧洲美元市场的发展。

20世纪60年代后半叶，随着美国实行高度扩张的经济政策，国际货币体系的压力加剧。为改善穷人困境，林登·约翰逊（Lyndon B. Johnson）总统启动了一项雄心勃勃的"伟大社会"计划（The Great Society），与此同时，美国卷入了越南战争。于是，联邦预算很快从盈余转为赤字，而美联储则采取宽松的货币政策，并为金融体系提供了大量流动性。虽然美国的利率随越南战争后的经济恢复有所上涨，但这仍不足以遏制通货膨胀，当时的通胀率已升至 4%。

通货膨胀也给欧洲各国，特别是德国、荷兰和瑞士造成困扰。这些国家原本的货币政策目标是保持 2% 或更低的通胀率，但是随着贸易顺差扩大，国际储备不断积累，出口商便不断把美元兑换成本国货币，造成国内货币供应的增加。德国、瑞士等国的央行曾试图从金融体系中抽取部分流动性来抑制这一趋势，但欧洲利率的上升压力吸引了国际资本的大量涌入，欧洲各国央行逐渐失去对货币供给的控制。

1969—1970 年，美国通胀率达到 5%，且美国首次出现贸易逆差，紧张局势不断加剧。欧洲官员抱怨说，欧洲从美国进口了通胀——美国可以无限地创造美元，但各国央行必须以固定汇率购买美元。

美国资本外流的增长大部分都是短期的，记在国际收支平衡表的"其他"和"误差和遗漏"账户中（见表 2.1）。当美国之外的各央行累积了多余的美元外汇储备时，它们便把美元兑换成黄金。截至 1971 年夏天，美国官方持有的黄金总价值已从二战后的 300 亿美元，下降到 100 亿美元，每月都有数亿美元价值的黄金流失。

表 2.1　美国国际收支　　　　　　　单位：10 亿美元

年份	1968	1969	1970	1971	1972	1973
贸易差额	0.6	0.6	2.6	−2.3	−6.4	0.9
经常项目	0.6	0.4	2.3	−1.4	−5.8	7.1
资本项目						
直接投资	−4.5	−4.7	−6.1	−7.3	−6.8	−8.5
间接投资	2.8	1.6	1.2	1.2	3.9	3.2
其他	2.2	6.9	−7.9	−13.2	−0.5	−4.4
误差和遗漏	0.5	−1.5	−0.2	−9.8	−1.9	−2.6
国际收支总差额	1.7	2.7	−10.7	−30.5	−11.0	−5.2
注：对国外央行负债	−0.8	−16	7.4	27.4	10.3	5.1

资料来源：IMF 年鉴。

协商美元贬值

1971 年 8 月，尼克松总统宣布了一条震惊世界的消息，即美国关闭黄金兑换窗口，美元与黄金脱钩。由于美国仍实行固定汇率制，这一举措本身并不意味着布雷顿森林体系的终结，但它却是布雷顿森林体系终结的导火索。与此同时，尼克松总统启动了一套新的工资和价格控制系统来抑制通货膨胀。

在接下来的三个月中，美国官员会见了欧洲和日本的同行，并就美元贬值问题与他们进行了协商。美国财政部官员希望尽快实现美元贬值，以恢复美国的国际价格竞争力。他们担心，如果美元维持与日元和主要欧洲货币之间的汇率，美国贸易逆差将会持续恶化。当时，我所在的研究部门的任务是评估恢复美国价格竞争力所需的美元贬值幅度。结论是，贬值 8%~10% 就足够了。

1971 年 12 月的史密森年会（Smithsonian Meeting）上，财政部部长康纳利（Connelly）宣称美国政府欲将美元贬值 20%，这一提议震惊了欧洲和日本同行。其实，美国官员早就料定欧洲和日本只能同意美元贬值 5%，但小幅贬值不足以改善美国的贸易状况，于是他们事先扩大贬值的幅度并以此进行讨价还价。[2] 经过协商，美元最终贬值 8% 左右。于是，美元的新平价变为每盎司 38 美元，不过这次美国不再承诺以此价格兑换黄金的义务。

过渡期

虽然这些举措暂时稳定了货币市场，但美国的贸易状况却未见改善，而随着日本贸易顺差的不断扩大，美元压力重新浮出水面。与此同时，欧洲境内出现了两极分化：德国、荷兰、瑞士等贸易顺差国出现货币上行压力，而英国、法国、意大利等贸易逆差国则面临着货币贬值的困扰。

为了维持史密森汇率，美联储应当收紧货币政策，而盈余国央行则要放松货币政策。但实际情况是，双方都不愿调整货币政策。盈余国为维持新的汇率大幅干预外汇市场，并在此过程中积累了美元储备。然而，其国内稳定的利率又导致外来资本的大规模涌入，这些盈余国家始终不能有效地控制其货币市场的流动性。

随着全球通胀的迅速增长，特别是盈余国堆积了大量不需要的美元，导致美国官员和盈余国决策者之间的矛盾再次激化。截至 1973 年，德国央行和日本银行的美元储备增加至 1965 年的三倍，而工业国家总的外汇储备也几乎翻了一番（见表 2.2）。另外，全球外汇储备的增加与大宗商品价格的大幅飙升密切相关。例如，1971 年到 1973 年，国际货币基金组织的商品价格指数涨幅约 75%，公开市场上的黄金价格也迅速提升且远高于每盎司 38 美元的官方价格。

表 2.2　外汇储备总额（10 亿特别提款权）

年份	工业国家	美国	德国	日本
1965	58.9	15.4	7.4	2.1
1966	59.4	14.9	8.0	2.1
1967	60.2	14.8	8.2	2.0
1968	61.4	15.7	9.9	2.9
1969	60.6	17.0	7.1	3.6
1970	72.6	14.5	13.6	4.8
1971	99.2	12.2	17.2	14.8
1972	113.4	12.1	21.9	16.9
1973	111.6	12.0	27.5	10.1

资料来源：IMF 年鉴。

美元遭遇了巨大的危机，国外央行不愿意继续持有美元储备，不断将美元兑换成黄金。外汇交易员也嗅到了血腥味，开始抛售美元，进一步增加了美元的下行压力。1973 年 2 月，美国关闭了外汇市场，情况一度接近崩溃。美国和其他工业国的官员们聚集在一起商讨美元的第二次贬值，并欲将美元新平价定为每盎司 42 美元。然而，这一次，官员们认识到，除非美国和盈余国能就通胀治理和贸易政策达成一致，否则启动新的固定汇率平价毫无意义。于是，当外汇市场重新开放时，汇率首次实现自由浮动。不过，当汇率变动过大或出现"混乱"时，央行仍然承诺对外汇市场实施干预。

有管理的浮动汇率制

简而言之，在全球性通胀和资本加速流动的背景下，从固定汇率到浮动汇率的转变，是唯一可行的措施。浮动汇率制的支持者米尔顿·弗里德曼（Milton Friedman）认为，浮动汇率的可行之处在于那些力图维持低通胀的国家能够借此重新掌握货币供给的控制权。此外，盈余国的货币升值反过来也会降低其贸易盈余。

然而，对一些经济学家和决策者而言，浮动汇率制也存在消极影响，因为它标志着能够帮助促进二战后国际贸易和资本流动的固定汇率制的终结。虽然各国现在能够自由地推行独立的货币政策，但这些人认为，由于各国不再受到国际收支平衡的限制，浮动汇率制度本身就是不稳定的。事实也表明，随着布雷顿森林体系的崩溃，美国和其他大多数国家的通货膨胀还在继续上升（见表 2.3）。

表 2.3 CPI 通胀率 单位：%

年份	工业国家	美国	德国	日本
1970	5.6	5.9	1.9	7.7
1971	5.2	4.3	3.4	6.4
1972	4.7	3.3	5.2	4.9
1973	7.7	6.2	5.5	11.7
1974	13.3	11.0	7.0	23.1

资料来源：IMF 年鉴。

1973 年秋，石油输出国组织（OPEC，下文简称欧佩克）为应对中东战争，宣布石油禁运，而这一举措彻底摧毁了布雷顿森林体系重建的希望。随着石油价格的上涨，各工业国的通胀率飙升，石油出口国和石油进口国之间的收支失衡达到了前所未有的程度。于是，各工业国的决策者将工作的重心从平息汇率波动转移到稳定世界经济上来。

固定汇率抑或浮动汇率：事后分析

在布雷顿森林体系崩溃期间，经济学家们针对固定汇率转向浮动汇率的后果展开了广泛的讨论。浮动汇率的批评者认为，不确定因素和交易成本的增加将抑制国际贸易和直接投资的增长。他们还指出，浮动汇率制本身就具有内在的不稳定性，20 世纪 20 年代浮动汇率制的经历就是证明。这一时期罗格纳·纳克斯（Ragnar Nurkse）的一项研究表明，浮动汇率制将导致非稳定性投机（Destabilizing Speculation）的盛行及汇率的频繁波动，从而阻碍经济增长。[3]

米尔顿·弗里德曼在 1952 年发表的一篇开创性的论文中对这一观点提出了挑战，他认为 20 世纪 20 年代的汇率波动是由不稳定的经济政策造成的，并非由于那些破坏稳定性的投机。[4] 他的观点的核心理论是，追求利润最大化的投机者通常会稳定汇率，否则他们会受到损失。然而，这一理论的前提条件是货币市场参与者主要受价值驱动，而非实证结果显示的由价格或动量驱动。

经济学家面临的困难之一是缺乏浮动汇率的相关经验，只有加拿大这一个工业国曾在 1950 年到 1962 年实行过这一政策。当时，加拿大元相对稳定，加拿大的实验还算成功。因此浮动汇率的支持者认为，可以参考加拿大的方式制定一套通用的浮动汇率制度。

如今，有了 40 年的浮动汇率经验之后，大家都意识到浮动汇率制下的汇率波动要远大于预期。事实上，罗伯特·阿利伯发现，从布雷顿森林体系崩溃时起，"汇率危机进入有史以来最频繁的阶段"。[5]

多数情况下，购买力平价（PPP）能够有效预测 20 世纪 70 年代汇率波动的方向。鲁迪格·多恩布什（Rudiger Dornbusch）在 1976 年发表的一篇文章中解释了为什么汇率比通胀率、货币供给更不稳定。[6] 文章解释了这种现象的内在逻辑，并指出即使没有非稳定性投机，汇率也可能超出其长期均衡价值。

虽然 20 世纪 70 年代中期，汇率偏离购买力平价的现象普遍存在，但长期处于高通胀和贸易赤字的国家（如美国、英国和法国）仍然出现货币疲软，而低通胀和贸易顺差国（如德国、瑞士和日本）的货币则不断升值。就这方面而言，汇率波动与经常账户的变动是一致的。

这种关系仅持续到 20 世纪 80 年代上半叶。之后，尽管美国和英国仍维持较高的通胀率和经常账户赤字，但美元和英镑的名义值和实际值都得到大幅提升。当时，货币分析师预测美元和英镑将大幅贬值，没想到这些货币竟稳步升值。事实上，这些分析人士低估了美国和英国的货币政策变化对降低通胀预期和恢复投资者信心方面的重要意义。

正如批评者所言，浮动汇率制下的汇率波动远远大于预期，但他们所担心的浮动汇率对国际贸易和直接投资增长的阻碍作用却没有发生。有一种解释是，许多国际企业都遵循了"因市定价"（Pricing to Market）策略，即根据进口国的货币标示自己的出口价格，以保持出口价格的稳定。这些企业通过降低汇率波动对利润率的影响有效缓解了出口的波动。

另一种解释是，各个地区的国家相继建立了贸易集团或货币集团，以减轻汇率波动的影响。例如，20 世纪 70 年代欧洲汇率的大幅波动推动了 1979 年欧洲货币体系（EMS）的建立。欧洲汇率机制（ERM）是欧洲货币体系最重要的组成部分，它使成员国得以维持汇率的窄幅波动，从而减轻了汇率波动对贸易流量和国内物价的影响。

随着时间的推移，经济学家们也改变了对固定汇率与浮动汇率的看法。如今，大多数人都意识到，布雷顿森林体系极易遭受投机性攻击，所以不太可能会重建。但是大家也明白，没有一种单一的汇率制度能够适用于世界上所有国家。[7]

那么，20 世纪 60 年代提出的哪个经济概念经受住了时间的考验呢？我的答案是罗伯特·蒙代尔（Robert Mundell）提出的"三元悖论"（The Impossible Trinity）的概念。[8] 它是指决策者在以下三种目标中只能选择实现其中的两种：（1）固定汇率；（2）实行独立的货币政策；（3）允许资本自由流动。因此，如果决策者想限制资本流动，他们可以设定固定汇率并实行独立的货币政策。但如果允许国际资本流动，又要求实行独立的货币政策，那么他们必须允许汇率浮动。

财经记者史蒂芬·所罗门（Steven Soloman）在《信心游戏》（*The Confidence Game*）一书中，总结了布雷顿森林体系瓦解后金融环境的变化：

> "1944 年 7 月在新罕布什尔州布雷顿森林会议中建立的世界金融体系由分离的国家岛屿组成，这些岛屿在贸易融资、直接投资及金融投资等方面的交易有限。不过，这个安排在国家间创造了一个缓冲区，即允许各国政府可以自主监管通过其金融体系传递到国内经济的资本流入。而在国际上，各国政府管理着交叉货币汇率来维护自由贸易制度。这种繁荣的战后秩序已被概括为'凯恩斯主内，亚当·斯密主外'（Keynes at home，Smith abroad）"。[9]

自 20 世纪 70 年代初以来，国际资本的大幅增长不断改写着这种平衡，资本由原来的官方渠道分配转变成主要通过私人进行分配。这里，所罗门指出：

> "全球资本大量流动削弱了政府对国民储蓄和国家货币政策的控制——或者更具体地说，形成资本池。乔治·舒尔茨（George Shultz）将新时代视为'分配世界储蓄的法庭'——它每天都要评判各国政府的经济政策，奖励那些能够吸引投资和货币坚挺的国家，惩罚那些抑制投资和货币疲软的国家。"[10]

结论

就在我刚成为美国财政部国际经济学家的时候，布雷顿森林体系瓦解了，全球金融体系从此改变。我将运用前一章的分析框架对此进行分析。

问题诊断

当时，美国财政部认为问题主要来源于美国的国际收支失衡，而欧洲和日本官员则认为问题在于美国的高通胀以及美国正在不断向世界其他地区输出通胀。虽然以今天的标准来看，当时美国的贸易失衡问题并不严重，但当年还在财政部工作的我却天天埋头其中。直到 20 世纪 70 年代中期在旧金山联邦储备银行工作时，我才深刻理解美国扩张的货币政策所引起的通胀问题的严重性。

政策反应

关闭黄金兑换窗口和推动美元贬值的政策反应远远不够，它并没有解决美国通胀加速的问题。因此，尽管美联储在 20 世纪 60 年代末到 70 年代初提高了利率，实际利率（名义利率减去通胀预期）仍处于低位甚至为负。这说明，美联储的利率调整落后于通胀变化。

市场反应

市场的反应是，美元长期疲软，美国债券收益率飙升，金融市场表现不佳。所有迹象表明，美国已处于象限图中的"危机区"。

投资组合配置

虽然我当时并没有管理投资组合，但 1973 年之后，为了对冲通胀我开始看空美元，避开美国股市并转投房地产。像其他美国人一样，我认识到抵御通货膨胀和高边际税率最好的方法就是持续借贷。

注释

[1] Ibbotson Associates，Stocks，Bonds，Bills and Inflation，*2003 Yearbook.*

[2] 注：来源于美国财政部内部资料。

[3] Ragnar Nurkse，*International Currency Experience*，1942.

[4] Milton Friedman，"The Case for Flexible Exchange Rates," in *Essays in Positive Economics*，1953.

[5] 参见《疯狂、惊恐和崩溃》(*Manias*，*Panics and Crashes*)第十三章"动荡时期的历史教训"，第 278 页。另外，阿利伯还指出，布雷顿森林体系瓦解后资产泡沫进入了有史以来最频繁的阶段。

[6] Rudiger Dornbusch，"Expectations and Exchange Rate Dynamics,"*Journal of Political Economy*，84(1976).

[7] 作为监督职责的一部分，国际货币基金组织对各国的汇率制度选择进行了三次分析研究，并得出了不同的结论。

[8] Robert Mundell，"Capital Mobility and Stabilization Policy Under Fixed and Flexible Exchange Rates,"*Canadian Journal of Economics and Political Science*，November 1963.

[9] Steven Solomon，*The Confidence Game*，Simon & Shuster，New York，1995，p.38.

[10] 同上，p. 39。

第三章

石油危机引发严重国际收支失衡

丰富的廉价能源是二战后世界经济强劲增长与低通货膨胀并存的关键因素之一。经历了 20 世纪 60 年代的稳定期之后，70 年代初期的石油价格随着许多其他商品价格的提高而有所上涨。即便如此，当时原油价格也只有 3 美元 / 桶，加油站的汽油价格只有 0.30 美元 / 加仑。

然而，自 1973 年秋以色列与阿拉伯国家发生冲突后，廉价能源便很快不复存在。欧佩克成员国对石油出口实行禁运，导致石油价格在几个月内飙升至 12 美元 / 桶，增长了四倍多。石油价格上涨触发了一系列的事件，给工业国和发展中国家带来了新的挑战。

当时，投资者也面临着许多前所未有的难题：

（1）石油短缺是暂时的还是长期的？石油的中长期价格会高达多少？

（2）油价上涨对全球经济和通货膨胀有何影响？决策者又将如何应对？

（3）借助国际金融体系，资金如何从石油出口国顺利地回流到石油进口国？

尽管前两次石油危机都给全球经济造成了巨大的损失，如债券收益率急剧上升以及经济严重衰退，但相较而言，第二次冲击对美元和股市的影响较小。另外，20 世纪 90 年代和 21 世纪初的石油危机也造成了经济衰退，但衰退并不严重——很大程度上得益于稳定的通胀，使得货币政策有宽松的空间。

第一次石油危机的背景

20 世纪 70 年代初，世界经济增长迅速，1968 年至 1972 年，主要工业国的年均增长率达 4%；而 1972 年至 1973 年，这一数字更是增长到 5%~6%。发展中国家的经济增速甚至更快。

急剧的经济扩张导致全球通货膨胀率显著上升。1973 年，工业国的通货膨胀率将近 8%，而发展中国家的通货膨胀率为 12%。其中，全球大宗商品价格增长最为迅猛，涨幅超过 60%。

1973 年以前，油价与世界通货膨胀波动保持一致。然而，随着美国汽油消费的快速增长以及公共事业能源逐步完成从煤炭到石油的替换，美国对石油进口依赖不断增加，世界石油市场的供需状况也因此大幅收紧。与此同时，美国国内的石油生产已经见顶，但是，为了推行工资与物价控制计划，尼克松政府仍对国内生产的石油实行价格控制。

这样一来，美国更加依赖石油进口：结束了 20 世纪 50 年代初石油自给自足的时期后，美国在 1973 年的能源进口占国内总能源使用的 35%，而当时美国国内的石油储备几近枯竭。无论是政府、企业还是家庭，都对 10 月欧佩克针对美国卷入中东战争而实施的石油禁运没有丝毫准备，而其他来源的石油供应根本无法满足美国国内供应。布莱恩·特朗普（Brian Trumbore）对石油危机中的场景作出了如下描述：

"石油禁运之初，每天开车上班的美国工人高达 85%。随着石油供应的减少及民众焦虑情绪的积累（危机最严重的时候，加油站汽油价格从 30 美分 / 加仑涨到了 1.20 美元 / 加仑），阴谋论扩散开来。其中传播最广泛的谣言是，那些主要的石油进口国为了满足一己私利，于是精心策划出这场危机。"[1]

经济影响

石油价格高达四倍的增幅以及石油供应的大幅减少对全球经济的影响立竿见影：主要工业国家被迫减少对石油进口的依赖并削减经济产出。同时，油价的飙升使世界各地的通货膨胀率不断上升，甚至达到两位数。

央行对此采取了紧缩的货币政策，进一步削弱了总需求。美联储将联邦基金利率从 1972 年底的 4.5% 提高到 1974 年的 10% 以上，而德国央行在 1973 年也将短期利率提高到差不多同一水平，日本的短期利率上涨得更高，1974 年达到了 12.5%。

经济顾问委员会的经济学家计算出，石油危机导致美国、欧洲、日本的国内生产总值（GDP）分别下降了 4.7%、2.5% 和 7%。[2] 此次危机引发了二战后最严重的全球经济衰退。

与此同时，石油价格飙升造成石油进口国和出口国之间无法想象的大规模收支失衡。1974 年，欧佩克国家的经常账户盈余上升了 10 倍，达到 670 亿美元，造成史上最大收支失衡。决策者也无法确定国际金融体系是否能使资金从石油出口国回流到石油进口国，尤其是发展中国家的石油进口国。除非这些发展中国家能寻得财政援助来支付高昂的进口费用，否则它们将被迫削减经济产出，削减力度很可能超过那些工业国家。许多观察人士担心，届时，发展中国家除了拖欠债务将别无他法。

改善因素

1973 年至 1975 年中期，世界范围内的经济衰退十分严重，但一些新情况的出现有效地改善了当时的状况，从而避免了全球衰退。首先，主要工业国和欧佩克的决策者合作，确保向发展中国家提供更多的官方融资。其次，国际货币基金组织推出的一项特别石油融资便利（IMF Oil facility）可以优惠条款对国际收支失衡的国家提供援助。另外，沙特阿拉伯、科威特和其他石油生产国也增加了对阿拉伯国家的双边援助。

不过，大部分融资是通过跨国银行进行的。[3] 跨国银行从欧佩克成员国那里获取存款，然后利用所得款项向石油进口国提供贷款。自此，国际资本流动格局发生了重大变化：以前，商业银行主要为发展中国家提供短期贷款，而官方机构和多边贷款机构则以优惠条件为其提供中长期贷款。

跨国银行的介入主要出于以下原因：首先，跨国银行可以收取大于融资成本的利息费用，并从中获益；其次，发展中国家为其带来了新的贷款需求，这有助于跨国银行抵消国内市场贷款需求的减少；最后，通过向中小银行提供银团贷款，大型跨国银行可以在收取管理费的同时分散部分风险；此外，银行实际运作时可以利用短期利率（LIBOR，伦敦银行间同业拆借利率）确定贷款利率并将利率风险转移给借款人。

危机逆转

1975 年，油价趋于稳定，工业国家的通货膨胀率也开始下降，人们对金融体系的担忧有所缓解。通胀的下降使美联储和其他央行得以放松货币政策。其中，联邦储备委员会将联邦基金利率从 1974 年的 10% 降到 6% 以下。同一时期，日本央行将贴现率从 9% 降至 6.5%，德国央行将贴现率下调了一半至 3.5%。各国集体政策行动为下半年工业世界的复苏奠定了基础。

与此同时，因为欧佩克经常账户盈余削减了一半（达到 320 亿美元），所以石油出口国和石油进口国之间的巨大收支失衡也明显减少。[4] 事实上，由于石油出口国开始大规模投建基础设施，欧佩克的进口倾向要高于当时大多数观察人士的估计。

此外，依赖石油进口的发展中国家在这段时期内保持了相当强劲的经济增长，原因有二：第一，有利的商品价格环境带来了强劲的出口增长；第二，国外切实的资源转移和大量资本流入也使它们获益匪浅。从这方面来看，发展中国家从私人或官方渠道获得的外部融资不断增加，有助于维持世界经济增长。

当主要工业国家决策者在法国拉姆布伊勒（Rambouillet）召开第一次经济峰会时，他们都松了一口气，石油美元借助世界金融体系的回流过程比他们想象的要顺利得多。虽然少数发展中国家需要进行债务重组，但并没有出现重大违约而动摇全球金融体系。

过渡期

1976—1977 年，全球经济迎来了复苏，通胀率和利率开始走低。投资者和决策者都希望，20 世纪 70 年代上半叶的动荡就此结束，全球经济将迎来平缓期。美国人希望，吉米·卡特（Jimmy Carter）就任总统能够平息民众对"水门事件"（Watergate scandal）和越南战争的议论。

然而，金融市场的平静并没有持续太久。1977 年，美国经常账户差额从 1976 年的略有盈余转变为有史以来最大的赤字（占 GDP 的 0.5%）。尽管当时油价正在走低，欧佩克的经常账户盈余也在下降（见表 3.1），巨额赤字还是出现了。相反，日本的经常账户盈余增长了三倍，达到 110 亿美元（占 GDP 的 1.5%）。外汇交易员也注意到这一点，并不断助推美元兑日元走低，美元汇率从大约 300 日元/美元跌至 1977 年底的 240 日元/美元。美元兑德国马克和瑞士法郎在 1977 年下半年也出现大幅下跌。另外，通胀压力也在恢复——1977 年美国消费者价格指数均值为 6.5%，高于 1976 年的 5.7%。

表 3.1 经常账户头寸   单位：10 亿美元

年份	美国	日本	德国	欧佩克	非石油 LDC
1976	4.2	3.7	3.7	37.9	−24.4
1977	−14.5	10.9	4.0	22.2	−21.0
1978	−15.4	16.5	9.2	−2.1	−30.2
1979	0.2	−8.7	−5.5	59.2	−46.3
1980	2.2	−10.7	−13.8	102.4	−71.7

资料来源：IMF 年鉴。

为应对这些新变化，联邦储备银行逐步提高利率，但这仍不足以补偿通货膨胀的上升。另外，由于联邦政府在经济强劲增长期不断扩大预算赤字，美国财政状况恶化。结果，1978 年国内和国际状况持续恶化，通货膨胀进一步加速，年底更是高达 8% 以上，经常账户差额仍维持在历史最高点。

随着事态发酵，美国决策者遭到外国政府和投资者的强烈批评。其中，由于财政失衡时的不作为以及为提高美国国际价格竞争力而支持美元贬值等行为，美国财政部部长迈克尔·布卢门撒尔（Michael Blumenthal）备受指责。另外，人们普遍认为新任命的美联储主席威廉·米勒（William Miller）对通货膨胀形势过于自满。尽管在他的任期内，美联储提高了利率，但这些应对措施往往滞后于通胀和贸易逆差的变化。结果，美元兑主要货币汇率跌至新低，而支撑美元的重担则交由外国央行承担。

1978 年的 11 月，卡特政府和美联储共同采取行动来恢复投资者信心。卡特总统表示，为支撑美元，美国政府准备大举干预外汇市场。他还宣布，财政部将首次发行外币债来补充外汇储备。与此同时，美联储也首次将贴现率提高了整整一个百分点到 9.5%。

然而，直到 1978 年底，这些行动是否会扭转局势仍无从知晓：在 12 月举行的欧佩克会议上，成员国宣布石油价格上涨 15%。这些石油生产商表示，石油需求的上升以及美元购买力的降低迫使他们提高油价。

第二次石油危机

1979 年伊始，伊朗国王被推翻，伊朗的石油生产也被打乱，这进一步加剧了美国的通货膨胀。伊朗的石油产量从 1978 年后期的每天 520 万桶下降到 1980 年的每天 140 万桶，世界石油产量因此降低了 6%。1980 年 9 月，伊拉克和伊朗爆发战争，石油产量进一步下降。[5]

20 世纪 70 年代的第二次石油危机使决策者和投资者再次遭遇世界经济和金融体系的剧烈动荡。这次石油危机的直接影响是，油价提高了三倍，达到 35 美元 / 桶到 40 美元 / 桶，欧佩克和石油进口国间国际收支失衡再次加剧。其中欧佩克的经常账户从 1978 年的小幅赤字转变为 1979 年的 600 亿美元盈余。1980 年高峰期，欧佩克的年度贸易顺差增速达 110 亿美元，几乎是第一次石油危机的两倍。[6]

决策者最关心的仍是通货膨胀问题，当时，工业国家的通胀率升至两位数，发展中国家的通胀率甚至更高（见表 3.2）。为此，各国央行相继提高利率以降低总需求，工业国家的利率水平涨至 4%。虽然利率的提高导致 1979 年的经济活动放缓，但世界经济并没有因此衰退，反而在 1980 年重新加速。70 年代美国国债收益率在 11% 左右，但随着投资者信心消退，收益率攀升至创纪录的 13.5%。

表 3.2 CPI 通胀率 单位：%

年份	工业国家	美国	日本	德国	发展中国家
1973	7.7	6.2	11.7	5.5	12.2
1974	13.3	11.0	23.1	7.0	16.5
1975	11.2	9.1	11.8	5.9	15.0
1976	8.4	5.7	9.4	4.3	16.0
1977	8.6	6.5	8.2	3.7	16.6
1978	7.3	7.6	4.1	2.7	15.2
1979	9.3	11.3	3.8	4.1	25.0
1980	12.0	13.5	7.8	5.4	28.9

资料来源：IMF 年鉴。

全球经济承受高油价和高利率的能力使经济观察人士们乐观地认为，石油美元的回流会和第一次石油危机一样顺利。然而，世界银行的经济学家则担心，未来全球经济将承受更高的油价，而这也意味着未来几年将会出现更大的国际收支失衡。事实上，许多投资者也认为，高油价和高通胀已成为世界经济的长期特征。

石油危机：那时和现在

专业投资人经常面对的也是让许多人感到困惑的一个问题是"市场模糊"（Market Ambiguity）。这一术语指的是潜在的经济条件相似但市场反应却完全不同的情形。究其原因，主要是不同事件的经济条件很少会完全相同。因此，专业投资人必须识别不同事件间的关键区别及其产生原因。

前两次石油危机的情形非常相似：首先，两者都在全球经济迅速扩张及石油需求强劲时期发生石油供应中断；其次，由于冲击加剧了现存价格压力，决策者只能全力治理通胀。另外，两次石油危机中债券收益率都出现大幅飙升。

然而，美国股市的反应却截然不同：第一次石油危机中，美国股市市值跌幅超过40%，而1979—1980年股市飙升了近30%。部分原因在于一些投资者重拾信心，相信美联储主席保罗·沃尔克领导下的美国货币政策能够对抗通胀、支持美元（详见第四章）。的确，20世纪80年代的石油和其他大宗商品的价格开始稳步下降。

由于供应中断的威胁，20世纪90年代早期又出现过两次油价飙升。这两次油价飙升都与美伊战争及对冲突的预期密切相关。每当美国经济疲软，美联储便放松货币政策。不过，军事活动不会造成永久性的供应中断，油价随后就趋于稳定。另外，油价上涨对金融市场的影响也转瞬即逝。

另外，还有一次油价上涨发生在1999—2000年。当时，油价在1998年底跌至10美元/桶的低点后飞涨了三倍。与以往的石油危机不同，这一次油价上涨主要是因为科技股投资热潮推动了全球需求的增长，欧佩克却不愿提高产量来满足日益增长的需求，导致油价持续攀升。2001年美国经济陷入轻微的衰退。

回顾这段历程我们不难发现，持续的石油冲击对经济通胀的影响以及对全球经济增长的破坏性在逐渐减弱，对金融市场的影响也更加短暂。罗杰·库比亚奇（Roger Kubarych）对出现这种现象的原因提出了以下见解：

"部分原因在于，市场参与者已经习惯性地认为油价经历短暂的过度上涨后便会回落；部分是由于能源成本的急剧上升会对各经济部门产生不同的影响——汽车制造等行业加速衰落，而能源开发商等行业则蓬勃发展。"[7]

我个人的观点是，前两次石油危机之所以造成严重的全球经济衰退，是因为它们都伴随着全球通胀和利率的大幅上升。相比之下，后续的油价上涨发生在全球通胀处于低位或下降时期，因此，投资者可将其视作相对价格的改变。

结论

前两次石油危机标志着美国经济第一次遭受到来自国外的破坏性冲击，导致"经济滞胀"（Economic Stagflation），即"在严重衰退期间，通胀和失业率同时上涨"。不过，资金借助国际银行系统从盈余国家回流到赤字国家，减弱了石油危机对全球经济造成的不利影响。

问题诊断

当时的传统观点认为，第一次石油危机是由中东政治动荡造成的。因此，许多经济学家和决策者都相信危机只是暂时的。但石油危机在 20 世纪 70 年代末的再次爆发以及大宗商品价格的反弹最终使投资者和决策者将高通胀视为常态。

政策响应

虽然油价上涨往往会抑制产出（因为相当于对消费者征税），但决策者更关注其带来的大宗商品价格飞涨和消费价格通胀加速。于是，货币当局大幅收紧货币政策，而这也导致了 1973 年到 1974 年严重的经济衰退。不过，衰退暂时减缓了通货膨胀压力，使货币政策得以放松。但是，第二次石油危机之后，投资者对决策者控制通胀的能力彻底失去信心，货币当局只能更大幅度地收紧货币政策。

市场反应

20 世纪 70 年代，由于通货膨胀率和美元价值的大幅波动，金融市场剧烈震荡。但大多数情况下，美国处在货币疲软、债券收益率提高和股票市场动荡的"危机区"。

投资组合配置

表 3.3 反映了 20 世纪 70 年代金融资产和大宗商品的复合年化收益率情况。首先，美国债券年均回报率为 5.5%~7.0%，反映出当时较高的息票利率，但经通胀调整后，债券回报率为负。其次，与当时的常规思维相反，股市只能部分对冲通胀。扣除通胀因素后，大盘股的回报率为 –1.5%，而小盘股的回报要好得多。显然，表现最好的资产是大宗商品，尤其是石油和黄金。因此，当时投资者普遍认为，在通胀背景下，最好的投资策略是投资实物资产而非金融资产。

表 3.3　20 世纪 70 年代复合年化收益率　　　　　　　单位：%

金融资产和大宗商品	名义收益率	实际收益率
债券		
长期企业债	6.2	–1.2
长期政府债券	5.5	–1.9
中期政府债券	7.0	–0.4
短期国库券	6.3	–1.1
股票		
大盘股	5.9	–1.5

续表

金融资产和大宗商品	名义收益率	实际收益率
小盘股	11.5	4.1
大宗商品		
非石油商品	10.3	2.9
石油	30.1	22.7
黄金	26.9	19.5

资料来源：IMF 年鉴。

附录：评估近期油价下跌的影响

本章主要讨论了前两次石油危机对美国和全球经济的影响，两次危机都造成了债券收益率上升和严重的经济衰退。20 世纪 90 年代初和 21 世纪初的油价飙升也造成经济衰退，但并未带来通胀或债券收益率上升。表 3.4 显示，2014 年之前，发生在 1986 年和 90 年代末的两次油价暴跌都伴随着强劲的经济增长。这种经济表现模式与"石油价格下跌相当于对家庭和企业减税，而石油价格飙升相当于增税"的观点是一致的。

表 3.4　石油价格大幅波动对美国经济的影响

时期	规模	经济影响
价格上涨		
1973—1974 年	四倍	严重衰退
1979—1980 年	四倍	严重衰退
1990—1991 年	两倍	温和衰退
2006—2008 年	两倍	衰退
价格下跌		
1986 年	−67%	强劲增长
1997—1998 年	−60%	强劲增长
2014—2016 年	−70%	适度增长

资料来源：IMF 年鉴。

在此基础上，包括我自己在内的许多经济学家都认为，始于 2014 年中期并一直持续到 2016 年的油价下跌能够提振美国经济。然而，实际情况并非如此，尤其是当油价跌至近乎 30 美元 / 桶时，美国股市和高收益债券市场面临压力。

许多专家也指出，这种油价下跌不太可能持久。

由此也引发了一个问题，即为什么近期的油价下跌无益于经济增长？我的答案是，自 2008 年以来发生了一个关键的变化——美国石油产量从 500 万桶 / 天增长到现在的超过 900 万桶 / 天。这一增长主要得益于页岩油生产革命，它使美国实现了能源的自给自足。在这种情况下，油价下跌给消费者带来的好处与国内石油生产商承受的损失相抵消，因此净效益比过去要小得多。瑞银（UBS）的经济研究显示，2015 年美国消费者在汽油上的支出减少 1 150 亿美元，而能源投资减少约 710 亿美元，给经济带来的净收益为 440 亿美元，不到 GDP 的 3%。[8]

当前，金融市场更加关注价格下跌的潜在输家而非赢家，主要是因为生产者所承担的成本是原材料成本。例如，美国石油生产商的利润预计将在 2016 年出现下滑，这是自该行业利润有统计数据以来的首次下滑。同时，高收益债券市场依据能源公司发行人的违约率来定价，这一违约率提升至 20% 左右。不过，我们不仅要关注油价暴跌给市场造成的负面影响，也不能忘记它给那些与能源无关的企业和家庭带来的长远好处。这些好处将长期存在，尽管这些企业和家庭的广泛支出将大于能源生产商的成本。

最后，另一个长期的好处是，页岩油革命有助于美国减少对外国能源的依赖，因此，这也大大降低了海外石油冲击造成美国经济衰退的风险。

注释

[1] Brian Trumbore，"The Arab Oil Embargo of 1973–74," Stocks and News. com，July 3, 2003.

[2] Council of Economic Advisors，*Economic Report of the President* (Washington，DC: U.S. Government Printing Office，1981)，p. 183.

[3] 参见 "Oil Exporters Surpluses and Their Deployment"，Bank of England *Quarterly Bulletin*，March 1985，pp. 69–74。

[4] 同上，p. 67。

[5] Philip K. Verleger，Jr.，"Third Oil Shock: Real or Imaginary?" *published by Institute for International Economics*，Washington D.C.，April 2000，p.3.

[6] Bank of England，Quarterly Bulletin，p. 69.

[7] Roger Kubarych，"How Oil Shocks Affect Markets," *The International Economy*，summer 2005.

[8] Maury Harris，UBS，December 2015.

第四章

反通胀政策：预期的和未料到的结果

20 世纪 70 年代末到 80 年代初，美国经济政策经历了一系列重大变化：抑制通胀方面，美联储主席保罗·沃尔克将货币政策中介目标由原来的盯住利率改为盯住货币供应量；促进经济复苏方面，里根政府力图削弱政府的规模和影响，利用降低边际税率、削减政府支出、弱化政府监管等方式将资源逐渐转移到私营部门。

对投资者而言，他们必须清楚地认识到这些政策变化对美国经济和金融市场的影响。但从政策本身来看，决策者在实施这些政策时往往缺乏统一的标准。沃尔克承认由于无法确定家庭和企业会如何应对加息，美联储有时不得不即兴发挥。另外，里根政府为了赢得国会对减税计划的支持也只好容忍政府支出的增加。

显然，上述政策组合将引起美国利率上升，至于经济疲软之前高利率还将持续多久仍不得而知。此外，当时很少有人预料到这些政策会对发展中国家造成巨大的影响，特别是高昂的美国利率和坚挺的美元会使发展中国家遭遇严重的债务违约。事实上直到 20 世纪 80 年代末才开始推行旨在恢复发展中国家信誉的（债务重组）计划。

我在摩根担保信托公司（Morgan Guaranty Trust Company）担任国际经济学家（职责包括构建用以评估各国偿债能力的分析框架）时目睹了这些发展并参与其中。1983 年，我还应邀加入了摩根官方代表团并与德意志银行同行共事，确保商业银行能够为债务缠身的发展中国家提供债务展期。

沃尔克的货币政策转型

1979 年 7 月卡特总统改组内阁，任命保罗·沃尔克为美联储主席，前主席威廉·米勒接替迈克尔·布卢门撒尔担任财政部部长。然而，随着第二次石油危机深入，美国通胀率飙升至 13%，卡特政府的经济团队也在经济政策上出现分歧——布卢门撒尔主张提高利率控制通胀，而米勒则主张促进经济复苏。

为了应对美国金融市场的抛售和美元对主要欧洲货币的贬值，卡特总统急需找到能够提振投资者信心的人。最终，保罗·沃尔克成功当选。对此，历史学家查尔斯·盖斯特（Charles Geisst）评价道：

"沃尔克之所以当选，是因为他是华尔街的候选人。众所周知，沃尔克能力卓越、聪明过人却也相当保守，但大家却没预料到他所实施的一系列举措将轰动世界。"[1]

沃尔克就任美联储主席之后的首要任务就是尽快结束造成债券收益率飙升、美元长期疲软的罪魁祸首——通货膨胀。为了恢复人们对美国货币政策的信心，他需要说服投资者，自己一定会摆脱先前推行的渐进主义政策。

沃尔克开始了大刀阔斧的改革，将贴现率提高一个百分点至 13%，同时宣布美联储的操作程序有所改变：美联储不再盯住联邦基金利率，转而以影响货币总量的银行储备增长率为货币政策目标，这也意味着美联储允许联邦基金利率上升到银行储备出清水平。

至于联邦基金利率需要提高多少才能达到市场出清水平无从知晓。20 世纪 60 年代到 70 年代初，银行存款利率面临监管上限（Q 条例），美国经济对联邦基金利率的增长异常敏感。随着金融机构资金流入的枯竭，银行向家庭和企业放贷受限，经济也日趋疲软。不过，第一次石油危机之后，为了支持经济，监管上限有所放宽。于是，由于银行不再受制于金融脱媒，货币政策中介目标向总储备的转变提供了检测美国经济利率弹性的机会。

出乎市场参与者和决策者意料的是，短期利率迅速飙升至 20%，甚至更高水平，这是以前无法想象的（见图 4.1）。22 年之后，沃尔克回忆道：

"没人能料想到美国会出现 21% 的银行贷款利率。我认为其中主要原因是依赖于银行贷款的人未能很好地遵循教科书模式——意识到利率有点高，应该往回拉一点。现实情况是，囿于惯性操作、投资计划和惯用的操作方法的贷款人选择了持续借贷，并暗示自己'虽然今天利率很高，但也许明天就会降下来，要坚持下去'。于是，信贷不断扩张。夸张一点来讲，这已经变成破产保护政策。"[2]

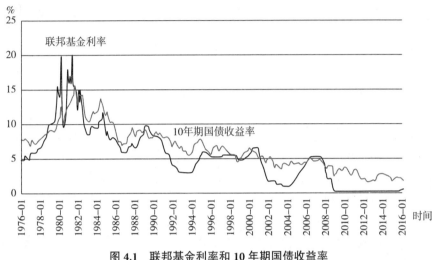

图 4.1 联邦基金利率和 10 年期国债收益率

（资料来源：联邦美国财政部）

1980 年卡特政府联合美联储对消费信贷的使用进行控制，投资者再次遭遇危机。虽然这一"实验"很快被废止，但由于消费信心受到严重打击，美国经济还是陷入了衰退。反思这一"实验"，沃尔克评价道：

"我们对消费信贷的某些部分实行了自以为适度的、符合市场情况的限制。我们预期这些限制将对经济产生温和的抑制作用，并有利于加强对银行储备的控制，结果它却产生了前所未有的巨大心理效应。几周之内，消费者的强烈反应导致经济陷入衰退。在我看来，这将是最后一次对信贷实行直接控制。"[3]

信贷控制一经取消，短期利率在经历短暂的回落后再次飙升。1980 年到1982 年中期，利率呈现异常波动。究其原因，主要是市场参与者每周四下午 4时 30 分都要等待货币供应数据的发布——如果货币供给接近或超过美联储的目标上限，利率将会迅速飙升直至货币增长符合美联储目标；而当货币总量接近或低于下限时，利率将直线下降。

市场参与者对货币供给数据的关注表明，他们对美联储的承诺非常重视。

然而，新政策在降低通胀和通胀预期方面的效果仍有待观察。而直到 1981 年，通胀仍以两位数的速度增长，且没有任何削减的迹象。

里根经济学

除了货币政策的变化之外，投资者还必须应对罗纳德·里根（Ronald Reagan）1980 年 11 月当选总统以来实行的全面经济政策改革（简称"新政"，New Deal）。里根的总统竞选主题是，弱化政府职能是振兴美国经济的关键。事实上，卡特政府时期美国的经济十分脆弱，选举前夕所谓的"痛苦指数"（Misery Index，即美国失业率和通货膨胀率的总和）高达 17%。

1981 年，里根总统签署了《经济复兴法》。该法的四大政策目标为：（1）削减政府开支；（2）降低劳动和资本收入的边际税率；（3）弱化政府监管；（4）通过控制货币供应量的增长降低通货膨胀。这些政策转变，预计将起到增加储蓄和投资、促进经济增长、平衡预算、提振美国金融市场和美元、降低通胀率和利率的作用。

里根经济学的核心是对"供给学派"的笃信，其中心思想是削减边际税率、弱化政府监管将显著提高经济主体（家庭和企业）的产出和收入。因此，政府的首要任务是降低个人和企业税率——在两届任期内，里根政府将个税最高边际税率从 70% 下调至 28%，并将企业所得税税率从 48% 下调至 34%。

供给学派的支持者认为，削减边际税率有利于自我融资。也就是说，减税将通过刺激经济活动增加税收收入。里根政府的官员还认为，减税能够抑制政府支出。然而，政府支出未能得到有效控制，仍占国内生产总值（GDP）的 22%~23%。主要原因是里根总统要求大幅增加国防开支，但他无法说服国会通过削减福利和社会项目来抵消这一开支。减税和支出增加带来了巨额预算赤字——从 20 世纪 80 年代初占国内生产总值的 2%~3% 提高到 80 年代中期的 5%。

政策组合对金融市场的影响

当时，投资者并不清楚扩张的财政政策和紧缩的货币政策对美国和全球经济的影响。不过，政策对利率的影响很明显，美国国债的名义和实际收益率都飙升至历史新高。如 1981 年 10 年期美国国债的（名义）收益率飙升至 14%（见图 4.1），而核心通胀率徘徊在 10% 左右。短期利率和优惠贷款利率都高于长期利率，收益率曲线急剧反转——伦敦银行间同业拆借利率（LIBOR）达到 20%，优惠贷款利率高达 22%。

从美国决策者的角度来看，利率飙升会产生一个理想的效果，即当投资者逐渐相信美联储和里根政府终结美元弱势周期的决心时，美元兑主要货币的颓势将会扭转，外国投资者受美国高利率和美元升值的吸引也会开始投资美国国债。

利率于1981年中期迎来顶峰并在下半年稳步下降。当时有迹象表明经济活动和通货膨胀都在放缓，许多观察人士也认为经济衰退迫在眉睫。然而，美国经济却开始复苏，利率也随之反弹。家庭和企业继续以高利率借款维持开支，他们相信通货膨胀仍将处于高位，借款也仍存在税盾效应。另外，取消利率上限也意味着银行可以通过高利率来吸收存款并扩张贷款。

美联储的官员仍然担心通胀预期过高，1982年春，他们计划进一步收紧货币。但由于随后的数据显示美国总需求疲软、失业率上升，美联储只好维持货币政策不变。1982年夏，美国经济最终受到高利率的不利影响，陷入衰退。

向发展中国家提供银行贷款

第二次石油危机之后，发展中国家成为银团贷款的主要客户。[4] 货币中心银行很乐意借钱给这些国家并从中赚取高额利差。第一次石油危机的经历也让银行相信发展中国家具备足够的偿债能力。从国际银行对非银行机构贷款的大量增加来看，石油美元依托国际银行回流的趋势十分明显：1973年到1982年间，这一贷款水平上升了7倍，超过7 000亿美元；80年代中期，拉丁美洲的未偿还债务增加了近10倍，达到5 000亿美元。[5]

伴随债务累积，发展中国家更易受到不利因素的影响。例如，截至20世纪80年代初，主要借款人的偿债率（每年外债利息和分期偿还的外债占服务和货物出口额的比例）远远超过之前认为过高的20%的警戒线（见表4.1）。负责国家风险评估的银行经济学家和分析人士认为，旧的经验方法不再适用于那些资本来源充足的国家。但他们忽略了这些国家的资本获取渠道可能突然中断。

表4.1 1982年外债总额和债务指标情况 单位：10亿美元，%

国家	债务总额	出口债务率	偿债率
拉丁美洲			
阿根廷	43.6	447	50
巴西	93.0	396	81
智利	17.3	336	71
哥伦比亚	10.3	204	30

续表

国家	债务总额	出口债务率	偿债率
墨西哥	86.0	311	57
秘鲁	10.7	256	49
委内瑞拉	32.2	160	30
亚洲			
印度尼西亚	24.7	116	18
韩国	37.3	132	22
马来西亚	13.4	93	11
菲律宾	24.6	298	43
泰国	12.2	130	21

资料来源：Pearson Education，Foreign Debt and Financial Crises，chap. 11。

不过，令人欣慰的是，工业国决策者们为了降低世界经济衰退的风险，积极鼓励金融机构向这些国家放贷。另外，一旦出现问题，这些国家可以向国际货币基金组织、世界银行以及双边贷款机构寻求援助。当时，最令人难忘的评论之一便是花旗银行董事长沃尔特·瑞斯顿（Walter Wriston）所说的"没有任何一个主权借款人破产"。

结果，主要的货币中心银行对这些债务国家的风险敞口均远超审慎水平。截至20世纪80年代初，主要货币中心的银行对拉美四大借款人（阿根廷、巴西、墨西哥和委内瑞拉）的风险敞口占其资本的100%~200%。

发展中国家债务危机

1982年8月初，墨西哥的外汇储备耗尽并开始寻求国际货币基金组织的贷款援助，此举震惊了国际金融界。不久之后，拉美其他主要借款人（巴西、阿根廷和委内瑞拉）也开始寻求债务减免。这四个国家的各种商业银行借款金额共计1 760亿美元，约为欠发达国家未偿债务总额的3/4，其中对美国八大银行的负债近370亿美元，占这些银行资本和储备的150%。[6]

事态的发展令跨国银行和工业国决策者们猝不及防。9月初，当我度假归来时，老板里默·德·弗里斯（Rimmer De Vries）向我透露，他从未见过高级管理层对拉丁美洲贷款潜在的巨额损失如此担忧。随着事件的披露，摩根担保公司的高级管理层要求我们部门评估贷款出现的问题以及问题的严重性。相关人士（尤其是问题国家的首席贷款官员）坚称，他们面临的是流动性短缺问题，而这一问题可以通过国际货币基金组织的援助和短期银行融资得到有效缓解。但我们部门的结论是，问题的严重性远远超过他们的想象，需要银行、发展中国家和官方机构采取协调行动来防止国际金融体系崩溃。

事后，我们可以相当容易地诊断出问题的成因：首先，借款人的偿债负担比第一次石油危机时大得多，因为债务的积累起始于 20 世纪 80 年代初的高利率（和美元）时期；其次，美国和工业世界的衰退导致大宗商品价格暴跌，令借款人难以赚取外汇来偿还外债；最后，银行逐渐意识到这个问题并开始拒绝向这些国家提供信贷，致使这些国家资金来源逐渐枯竭。

导致局势评估难度增大的关键因素之一是发展中国家外债信息的缺失。世界银行汇编的主要数据是来自官方渠道且原始期限超过 1 年的借款（最近的资料为 2 年前的）。有关问题国家的最新资料显示，它们最近的大部分借款都是商业银行的短期贷款。银行之所以发放短期贷款是考虑到即使出现问题，自己也很容易减少风险敞口。然而，它们并没有意识到所有的银行都在发放短期贷款，而这加速了情况的恶化。具有讽刺意味的是，此前我在旧金山联邦储备银行开发的一个系统，在 1980 年发出了早期预警信号。然而，我觉得可能是我在系统中错误地指定了方程式所以出现了失误并忽略了这些信号（我后来意识到当时我是担心被指控散布虚假言论，也害怕自己弄出大的乌龙）！

政策宽松

意识到问题的严重性之后，工业国决策者们必须保证银行不能集体从发展中国家撤出资金。一旦集体撤资，借款人届时将只能选择违约。

在 1982 年 9 月的国际货币基金组织会议上，来自发展中国家的官员、银行家和代表们商定了一项确保现有债务延期的计划。作为交换，他们同意降低未来借款需求，这意味着这些国家将通过货币贬值、收紧财政和货币政策减少外部失衡。另外，主要货币中心银行预计会向其他银团成员施压以便维持现有承诺。

为了结束工业世界的衰退，工业国决策者们需要采取大胆的行动。认识到这一点后，美联储和其他央行积极放松货币政策，投资者也纷纷把资金投向股票和债券。针对保罗·沃尔克在总体目标上作出的巨大转变，史蒂芬·所罗门（Steven Soloman）描述道：

"6 月 30 日美国仍处于宾夕法尼亚广场危机（The Penn Square Crisis）中，而美联储在这一天又向墨西哥发放了第二次秘密隔夜贷款。联邦公开市场委员会（FOMC）在悲观和阴郁的气氛中召开了为期两天的会议。当时，美国经济持续大幅下滑，经济脆弱迹象明显，但关键的货币总量指标仍居高不下。无论是直觉还是真实的经济指标都表明美国正处于经济灾难的边缘。最终，沃尔克选择无视货币规则，联邦公开市场委员会也赞成大幅放松政策。"[7]

自此，严酷的反通货政策宣告结束。当年 7 月底，联邦基金利率从 14% 猛跌至 11%，12 月中旬，这一利率降至 8.8%。7 月至 12 月，美联储七次下调贴现率。投资者预见到通货膨胀和利率已经见顶，股票和债券市场开始飙升。我未来的老板——所罗门兄弟公司的亨利·考夫曼也改变了对美国通胀长期悲观的情绪并开始支持美联储降低利率。

1983 年下半年，美国和其他发达国家都从衰退中恢复过来，通胀率和利率也从 20 世纪 80 年代的高位回落。然而，通胀治理的代价十分沉重：就失业率的提高和工业世界产能利用率的下降而言，1982—1983 年发生了二战后最严重的经济衰退；第三世界十分脆弱，发展中国家遭受着沉重的债务负担和巨额的资本净流出。

与此同时，大宗商品价格大幅下跌。截至 1983 年，金价较 1981 年 800 美元的峰值下跌了近一半，而油价则从每桶 40 美元的峰值跌至 30 美元以下。此外，由于对石油需求的减弱以及进口的快速增长，欧佩克庞大的经常账户盈余开始减少。

管理贷款和监管宽容

到 1983 年中期，虽然宽松的货币政策促进了发达国家恢复经济增长，但发展中国家的形势却持续恶化：截至 10 月，负债高达 2 400 亿美元的 27 个国家已经完成或正在进行债务重组。[8] 对此，七国集团（G7）政府、国际货币基金组织和全球主要金融机构共同制订了一项计划，并决定采取以下三种应对措施：（1）银行将继续结转欠发达国家（LDC）现有债务；（2）重债国将采取相关措施弥补外部失衡；（3）官方机构将填补新的借款缺口。[9]

当时，欠发达国家无法偿还债务，但为了避免揭示自身资产负债表的脆弱性，货币中心银行宁愿通过以优惠条件对欠发达国家债务进行展期、以票面价值评估账面贷款等拖延时间的方式来解决债务，也不愿将此视为违约。为达成这一目的，银行监管机构默许美国银行在重组欠发达国家贷款时不必拨出高额准备金。根据联邦存款保险公司主席威廉·塞德曼（William Seidman）的说法，由于美国 10 家最大的银行中有七八家可能被视为破产，因此有必要采取监管措施。他指出：

"是在银行体系内制造恐慌还是放松银行对拉丁美洲债务的储备金要求，美国银行监管机构选择了后者。现在看来，监管机构当时作出了正确的选择。"[10]

这一策略大获成功，美国没有一家大型银行因不良贷款而倒闭。不过，货币中心银行还是遇到了许多挑战，其中最大的挑战是，由于来自欠发达国家贷款收费的减少以及信用评级较高的公司在商业票据市场获得廉价融资能力的增强，银行盈利能力遭到冲击。此外，为了确保区域银行能够给债务缠身的国家提供银团贷款展期，货币中心银行必须不断地为区域银行提供资金。

1985 年，财政部部长詹姆斯·贝克（James Baker）提出了一个方案，要求银行充分延长债务偿还期限，但不提供任何债务减免。这一方案的内在逻辑是，债务国可以通过经济增长摆脱债务并扩大出口，以减少相对债务负担，最终达到正常信贷市场准入水平。但是，由于欠发达国家增长失败以及债务国对紧缩的厌倦，贝克的计划未能实现。

最终，美国政府于1989年3月批准了财政部部长尼古拉斯·布雷迪（Nicholas Brady）制订的债务削减计划。墨西哥成为第一个完成布雷迪计划的债务削减协议国。墨西哥拥有巨额未偿债务并已经启动经济改革计划，而且对美国具有重要的战略意义。布雷迪计划规定，美国各银行将降低欠发达国家债务的本金和利息并将获取债务剩余部分的担保。[11] 而这些担保反过来又使银行贷款转换成可上市的布雷迪债券。从这个意义上来说，证券化成为拒绝破产的银行获取贷款的新方式，而发展中国家也有望借此迈出恢复进入资本市场的第一步。

意想不到的收获

20 世纪 80 年代初美国的经历，让我们对官员、投资者和金融市场对美国货币政策和财政政策转变的反应有了深刻的了解。首先，美联储主席沃尔克认为，为了让市场参与者恢复对美联储控制通胀的决心，必须采取"休克疗法"（Shock Therapy），但他和其他决策者都没有预见到随之而来的利率波动。其次，尽管当时大多数经济学家认为，利率飙升将在 1980—1981 年引发经济衰退。但事实证明，经济增长对利率变化的适应能力比预期的更大，事实上直到 1982 年才出现实质性的经济下滑。最后，1982 年八九月份主要欠发达国家借款人外汇储备的耗尽出乎意料地打破了通胀预期，这也成为"意外后果定律"（Law of Unintended Consequences）的典型案例。

在欠发达国家债务危机之前，20 世纪 70—80 年代初的金融市场曾遭遇异常动荡，国际金融体系的稳健性却从未出现过问题。但债务危机之后，当贷款余额超过银行资本时，上述规律被打破。最终，决策者和主要银行就解决方案达成一致，即银行可以按票面价值给贷款计价，同时组成卡特尔以便在国际货币基金组织的支持下延期结转现有债务。

这种"管理贷款"策略有效地为货币中心银行补充资本争取了时间，使它们能在 20 世纪 80 年代末就开始核销债务。这项策略的重点不在投资者，而在工业国家的货币政策放松上。在工业国家复苏之前，该策略的成功实施促进了金融市场的强劲反弹。

然而，如果情况朝着相反的方向发展，即如果没有监管上的宽松，会发生什么？

我的答案是，如果当时银行被迫以市场价格为贷款计价，结果将截然不同。届时，银行不得不对其资产负债表进行去杠杆化，而信贷紧缩也会随之而来。在这种情况下，工业国家的复苏将更加疲弱，市场反应也不会那么有利。因此，我的结论是，宽松的货币政策以及对欠发达国家债务危机监管宽容之间的相互协调至关重要。

最后，还应当指出，始于 20 世纪 80 年代后期的发展中国家债务的证券化有助于负债国家 90 年代重返国际资本市场。但颇具讽刺意味的是，20 年后，次级抵押贷款证券化过程成为 2008 年国际金融危机的催化剂。从这个意义上来讲，证券化既是解决欠发达国家债务危机的强大动力，也是国际金融危机的参考指标。

结论

20 世纪 80 年代初，美国经济政策经历了前所未有的变化，保罗·沃尔克结束了美联储的联邦基金利率目标，里根总统推动了边际税率的降低及政府监管的放松。在此期间，投资者面临着评估政策变化对美国经济和金融市场的影响这一艰巨的任务。

问题诊断

20 世纪 70 年代末，美国面临着居高不下的通胀和长期疲软的美元，投资者也对经济政策失去信心。保罗·沃尔克就任美联储主席后便致力于控制通胀和恢复投资者对美元的信心，而里根总统也力图破除经济强势增长的障碍。

政策响应

沃尔克对美联储货币政策操作程序的改变导致实际利率水平创下历史新高，利率的提高有助于外国投资者增持美元资产，从而成功稳定了美元。尽管有证据表明美国经济还在走弱，但美国国债收益率依然居高不下。出乎决策者和投资者意料的是，逆转通胀预期的事件竟然是欠发达国家债务危机。为减轻债务违约对全球经济的影响，七国集团（G7）的官员们制定了一系列协调政策，其中不乏会威胁到某些全球最大金融机构偿付能力的措施。银行监管机构也采取了监管宽容策略，为银行走出困境争取了时间。

市场反应

投资者相信美国高通胀时代已经结束，美国股票和债券价值开始飙升，美元也经历了前所未有的升值。

投资组合配置

这种情况下，最优的策略是长期持有美元和美国金融资产，同时卖空黄金、石油和大宗商品。

注释

[1] Charles R. Geisst，*Wall Street: A History*，Updated edition，2012.

[2] "Monetary Policy Transmission: past and future challenges," address by Paul A. Volcker to Conference on Financial Innovation and Monetary Transmission，sponsored by the Federal Reserve Bank of New York，April 2002，p.4.

[3] 同上，p.4。

[4] 参见 Solomon，*The Confidence Game*。

[5] Federal Deposit Insurance Corporation，History of 80s，p. 194.

[6] 同上，p.191。

[7] Solomon，*The Confidence Game*，p.161.

[8] 同上，p. 191。

[9] 参见 Nicholas Sargen，"Managed Lending: An Assessment of the Current Strategy toward LDC debt，" *NYU Journal of Law and Politics*，Spring 1985。

[10] William Seidman，*Full Faith and Credit*，p. 127.

[11] 1990—1994 年，达成了 12 项布雷迪计划协定，1995—1997 年又增加了 5 项。

政策协调让位于冲突和动荡 | 第五章 Chapter Five

赤字重要吗？ 20 世纪 80 年代中期，美国财政赤字和经常账户赤字不断扩大（见图 5.1），关于赤字及其影响的话题引发了广泛的讨论。里根政府执政早期，投资者因美联储反通胀的决心和市场导向政策的实施倍感欣慰，忽视了财政收支和外部收支恶化的问题。此外，得益于日本取代欧佩克成为世界最大的资本输出国，美国仍能以有利的融资条件吸引国外资本流入。

而 20 世纪 80 年代中期，尤其是当美国财政赤字和经常账户赤字占国内生产总值（GDP）的比重超过 3% 时，人们对美国"双赤字"[①]的担忧不断加剧。批评者指出，里根政府奉行的供给政策是错误的，它抵押了国家的未来并留下了高利率这一后遗症。而包括美联储主席沃尔克在内的其他经济观察人士则担心国际资本流动对美国的影响。在这方面，日本和欧洲的官员积极敦促里根政府采取相应措施来缓解美国的国际收支失衡。

然而，意外随之而来。为实现美元"软着陆"，美国、日本、欧洲决策者在 1985 年至 1987 年实施了协调的经济政策。起初，经济政策协调进展顺利：尽管当时美元贬值的速度比 20 世纪 70 年代要快得多，但投资者一开始对美元很有信心。然而，到了 1987 年，日本和其他国际投资者开始担心美元将无限下跌，"沃尔克噩梦"（Volcker Nightmare）上演。美国与德国和日本决策者之间的冲突，导致 1987

---

① 译者注：twin dificits 通常被翻译成"双赤字"，但翻译成"孪生赤字"事实上更能说明它们之间的关系。

年 10 月股市崩盘。当时许多经济学家相信这次崩盘预示着全球经济衰退。

图 5.1 美国经常账户和财政赤字

（资料来源：美国财政部、商务部）

财政赤字和经常账户赤字

20 世纪 80 年代中期的一个主要变化是日本跃升为超级金融大国。20 世纪 70 年代，由于储蓄超过国内投资，日本的经常账户扭亏为盈，不过大宗商品价格的不断上涨使得日本经常账户盈余保持稳定。80 年代初，商品价格疲软，日本对外顺差迅速增长并最终取代欧佩克成为世界上最大的资本输出国。

日本对外顺差增长很大一部分原因是其与美国双边贸易顺差的持续增加。20 世纪 80 年代初期，日元的疲软与美国的经济复苏有力地推动了日本对美国出口的增长。然而，美国官员却认为造成双边贸易失衡的主要原因在于日本政府对外汇市场的干预限制了日元兑美元汇率升值。于是，80 年代美日贸易纠纷变得异常激烈。

日本政府认为，美国庞大的经常账户赤字实际上是由持续的巨额财政赤字造成的，这也被贴上"双赤字"的标签。这一论点的理论基础基于如下会计恒等式：[1]

$$M-X=(G-T)+(I-S)$$

这表明，贸易失衡（进口减去出口）等于财政失衡（政府支出减去税收）和储蓄—投资失衡的总和。因此，如果等式最后一项保持不变，则财政赤字的变化与经常账户赤字的变化直接相关。

因此，日本政府和欧洲官员都意识到，缩小政府财政赤字是缓解美国贸易失衡的最佳方式。然而，由于美国直到 20 世纪 90 年代中期才解决财政失衡问题，所以降低贸易失衡的负担最终落到日元兑美元汇率调整上——日元兑美元汇率在 1985 年至 1994 年稳步上升。

日本跃升为金融大国

日本经常账户盈余的扩张要求决策者放开僵化的外汇和资本管制，于是 20 世纪 80 年代初决策者便开始采取相应措施。截至 20 世纪 80 年代中期，金融放开的进程已经启动。这一进程也使日本的人寿保险公司、信托银行和商业银行等金融机构提高了对外国证券投资比例。由于美国债券比日本政府债券收益率更高，在收益率的驱动下，它们集中购买了很大比例的美国债券。

通过对比欧佩克与日本的对外贸易顺差，可以看到日本成为世界领先的资本出口国的重要意义。[2]20 世纪 80 年代早期欧佩克盈余达到顶峰时，有 30% 的盈余用于美国投资（仅有 350 亿美元，即不到 10% 的盈余用于美国债券投资），其他大部分盈余都用于国际银行存款、股票和房地产投资以及发展中国家的直接投资。相比之下，绝大多数日本投资者则热衷于国际债券投资（尤其是美元债券）。截至 1989 年底，日本外国证券的持有量从 1979 年的不足 20 亿美元上升到 5 500 亿美元，其中外国债券占比超过 90%，且大多以美元计价。

当时有专家断言，日本大量购入美元债券是因为日本机构除了在美国投资之外别无选择。然而，这一推论未能准确区分事前和事后的关系。实际上，美国经常账户赤字最终得到融资是因为美国为日本或其他投资者购买美元资产提供了有利的条件。

美元复苏

得益于日本和其他国际投资者对美国财政赤字和经常账户赤字（约占 GDP 的 3%~4%）的融资，在里根政府的第一届任期内美元汇率稳步上升。发展中国家债务危机之后，美联储在保持对货币供应增长监管的同时又恢复了盯住联邦基金利率的货币政策目标。不过，美联储最终没有实行财政赤字货币化，实际利率仍保持非正常高位（4%~6%），这对国际投资者很有吸引力。

国外的决策者们认为美元好景不长，许多货币观察人士都预测美元会出现暴跌，但美元走势最终出乎他们的意料。

1984 年初，美元走势迎来关键挑战，美国经济 5% 的增长推动通胀预期不断上升，大宗商品价格也实现了数年来的首次上涨，美国相对于他国利率有所上升，但美元兑主要货币再次走弱，这表明国际投资者正对美元失去信心。为避免资本冲击对经济的影响，美联储主席保罗·沃尔克（Paul Volcker）将贴现率提高了整整一个百分点。随后，大宗商品价格跌至新低而债券价格则开始回升，美元恢复了上行趋势。

在 1984 年剩余的时间里，尽管美国和国外的利差有所缩小，但得益于经济的强劲增长，美元仍持续上涨，投资者也对通胀的可控性重拾信心。强势美元的倡导者财政部部长唐纳德·里根（Donald Regan）称，美国良好的经济表现是对美国经济政策的有力支持。为进一步增强美国国债对外国投资者的吸引力，美国政府取消了 10% 的预扣税。预扣税的取消吸引了大量外国投资，并将美元不断推至新高。

《广场协议》（ *The Plaza Accord* ）

1985 年 1 月，里根政府第二任期开始，詹姆斯·贝克（James Baker）接替唐纳德·里根担任美国财政部部长，里根政府也放弃了强势美元的承诺。政府致力于促进经济增长，但美元升值降低了制造商的国际竞争力并进而引发了经济衰退。结果是，即使在美国经济疲弱和贸易保护主义压力不断升高的情况下，美国贸易逆差依然继续扩大。

1985 年第一季度，外汇市场出现异常波动，美元迎来拐点。1985 年初，美国财政部一改之前反对干预外汇市场的立场并参与了对美元的联合干预。但美国的干预力度相当有限，未能逆转美元的上行趋势。2 月底美元价格达到峰值，约合 3.47 德国马克和 265 日元，较 1978 年底分别上升了 50% 和 25%。

为改变汇率预期，各国央行行长齐聚巴塞尔，商讨大规模的联合干预措施。此前不愿采取干预措施的德国央行也同意在此次行动中发挥核心作用。这一行动表明美元迎来了转折点。然而到了夏末，美元反弹，这令决策者们大为震惊。

同年 9 月在广场酒店举行的周末财政部长会议上，财政部部长贝克宣布美国政府和其他七国集团（G7）成员同意推动美元的有序贬值，这一消息震惊了金融市场。为了实现美元的有序贬值，各国央行将采取联合干预措施，集体抛售美元。外汇市场立即对这一消息作出反应，美元兑主要货币大幅走低。

尽管《广场协议》成功地向投资者展现了决策者促进美元走低的决心，但为了确保美元的有序下跌，七国集团官员必须协调货币政策。如果美联储单方面降低利率，可能会引发美元挤兑并导致美国债券收益率上升。因此，日本央行和德国央行必须与美联储同步放松货币政策。

广场会议中，七国集团决策者面临着巨大的挑战——在避免引发信心危机的前提下，策划有史以来最大规模的美元贬值行动。到1986年底，政策协调初见成效：美元已跌至160日元和1.95德国马克。同时，10年期美国国债收益率跌至7%。其中，推动债券市场反弹的关键因素是油价的急剧下跌。另外，油价下跌也使通胀率降至2%。

然而，决策者并没有完全走出困境，有迹象表明，日本投资者对美元的稳步下跌越来越谨慎。由于购买美国债券时未能对冲美元换回日元的风险敞口，日本投资者在货币头寸上遭受的巨大损失抵消了债券头寸的收益。于是，他们开始担心美国政府在稳定美元方面的努力不足。1986年9月，我从老板亨利·考夫曼那里得知了这一消息，并与他讨论了美元进一步走软并造成投资者信心崩溃的可能性。

《卢浮宫协议》（*The Louvre Accord*）

1987年初，随着美元进一步下跌，美国国债收益率不断飙升。同时，油价反弹推动了通胀加速。[3] 投资者普遍开始担心如果美国政府无法阻止美元下滑，日本机构可能从美国撤回资金，于是，债券市场在2月遭受重创。

为了安抚金融市场，财政部部长贝克同意在巴黎卢浮宫与日本和欧洲官员会面并试图就稳定美元的措施达成协议。贝克致力于阻止美国利率的大幅上涨，并希望外国央行也不要抬高利率。所罗门回忆道：

> "贝克在现有利率水平上稳定美元的努力是卢浮宫会议最具争议的内容之一，实际上许多与会者的理解是让美元利率不再提高，在外国的美元利率还可能低一点。" [4]

参与各方的央行已经决定干预外汇市场，并通过买入美元卖出本国货币将美元保持在设定的目标区间内。然而，外汇交易员们立即意识到央行不愿通过改变货币政策来稳定美元，便将美元价格推至目标区间以下。1987年4月，日本投资者甚至威胁要抵制美国财政部的季度再融资。为此，美联储提高了利率，财政部部长贝克也表示支持美元走强。

5月，日本投资者开始参与美国财政部再融资，市场状况有所改善。事实上，日本当局给了很大的压力：

"日本财政部实施行政指导一周后，美元的下行压力才终于得以缓解。5 月 13 日，10 家证券公司、20 家银行、10 家保险公司和 15 家外资银行的负责人因其美元投机行为被当局警告。"[5]

这些举措使金融市场暂时稳定下来。然而，到了 8 月，美国持续的巨额贸易逆差和不断加速的通货膨胀使美元再度承压并引发了债券市场的进一步抛售。

1987 年 10 月股市崩盘

在此期间，美国股市出乎意料地抵御了利率飙升和美元贬值的影响。究其原因，主要是股票投资者致力于提高企业利润而忽视了债券和外汇市场的动荡。

然而，到了 8 月，尤其是当保罗·沃尔克宣布辞去美联储主席一职时，股市面临抛售压力。他的继任者艾伦·格林斯潘（Alan Greenspan）备受推崇，但投资者对他在治理通胀方面的能力有所怀疑。于是，在格林斯潘上任后的第一次行动中，为了安抚投资者，他要求将利率提高 50 个基点。

通常，这一举措能够稳定金融市场。但是，9 月当日本央行和德国央行将短期利率提至更高时，美国市场波动性急剧增加。美国财政部部长贝克认为，这一行为违反了《卢浮宫协议》，于是美国与日本和德国决策者之间的紧张关系开始加剧。

10 月中旬，就在三国决策者们公开争论采取何种措施来恢复美元信心时，美国金融市场陷入一片混乱。10 月 19 日星期一，新闻报道称，财政部部长贝克放弃了用以支撑美元的货币干预，美元开始变成"自由落体"。与此同时，美国国债收益率飙升 50 个基点至 10.5%，股市开盘下跌 200 点。这一天里，股市持续剧烈波动，收盘下跌超过 500 点，跌幅达 23%，并进而导致全球股市暴跌。

一些观察人士所担心的噩梦发生了，美国在国际资本流动中的脆弱性暴露无遗。为了稳定局面，美联储主席格林斯潘宣布，美联储随时准备向市场提供一切所需的流动性，并随后放松了货币政策。决策者们也很快消除了分歧，日本央行和德国央行开始向市场注入流动性。在这种情况下，投资者必须对股票价格的大幅下跌是否会引发全球经济衰退或货币政策手段能否稳定局势作出判断。

1988 年的意外

尽管央行的政策举措稳定了美国和世界股市，但来自日本的资本流入从"黑色星期一"后一度停止，直到 1988 年初才开始恢复，这令投资者不得不担心，如果美元再次承压，市场可能会重新陷入混乱。史蒂芬·所罗门（Steven Soloman）指出，1987 年的动荡中，中央银行在稳定金融市场方面发挥了关键作用：

> "央行的银行家们取代了逃离的私人全球投资者，从而避免了'沃尔克噩梦'（Volcker Nightmare）似的美元'自由落体'和经济'硬着陆'。1987 年中央银行对美元的干预成为另一种非典型援助，而这种干预在全球资本的崛起中变得越来越普遍。1987 年，所有中央银行获取的资产总额高达 1 200 亿美元。它们为当年的外国借款需求提供了近 2/3 的资金。"[6]

就美联储自身而言，在格林斯潘的领导下，美联储采取了维持低利率以避免衰退的策略，同时也致力于恢复国际投资者对美元的信心。1988 年初，由于先行经济指标连续四个月下跌，当时多数观察人士都认为美国已接近衰退。此外，货币供应增长远远低于美联储设定的目标，这也令经济顾问委员会主席贝丽尔·斯普林克尔（Beryl Sprinkel）等货币主义者忧心忡忡。

与此同时，欧洲和日本的央行行长也开始担心，支持美元的举措可能会在股市抛售之前重新引发通胀恐惧。但随后的事实表明，日本经济具有惊人的抵抗力，而欧洲经济也迎来了投资热潮。截至 1988 年 2 月，美国经济指标的实际表现比预期强劲得多，人们对美国经济的预期也开始转变。3 月底，美国经济已经能够承受美联储的再次加息。

国际资本流动动态

回顾 20 世纪 80 年代的历程，对于了解国际资本的动态变化大有裨益。在所罗门兄弟公司期间，我和约翰·利普斯基（John Lipsky）开发了一个利用国际流动信息来研究利率差（或收益率差）和汇率变动关系的分析框架。其中最重要的关系之一是利率平价与收益率曲线的趋势相一致，即无论何时，套利者都将确保货币的远期升水或贴水等于利率差。对全球投资者而言，其面临的挑战是既要了解特定变化的驱动因素是什么，也要认识到原来的驱动因素也会随着时间推移而改变。

对这一概念的阐述参见第一章的象限图和图 5.2，图中纵坐标表示利率差（美国减他国），横坐标表示汇率变动。第一、第三象限中，货币政策变化是汇率变动的主要原因，这在经济学和金融教科书中有所涉及。第二、第四象限通常与通胀预期变化或资产偏好变化有关。在此情形中，汇率预期驱动收益率差变化。例如，美元贬值的预期会导致投资者在持有以美元计价的资产时要求更高的利率溢价，这一情形便属于第四象限（"危机区"，Crisis Zone）。

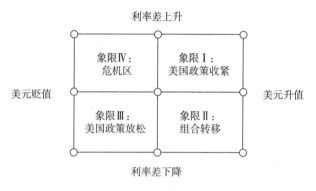

图 5.2　利率差与美元

这种方法呈现出有趣的特点，即 20 世纪 80 年代发生的象限顺时针旋转。没有什么理论可以解释这种顺时针旋转，这应该是在决策者和国际投资者对商业周期和通货膨胀的应对中发展而来的。

其中，最容易理解的情形是美元对美国货币政策的反应。例如，20 世纪 80 年代初和 80 年代末旨在对抗通胀的紧缩货币政策带来了促成美元升值的资本流动（第一象限）。相反，由于美国经济疲软和美元走强，美联储放松了货币政策，美元暴跌，美国债券市场反弹（第三象限）。

以美元下跌和利率上升为特征的美元危机（第四象限）会导致投资者丧失信心，因而较难预测。不过，货币危机通常可以通过收紧货币政策来解决，而其中主要的不确定性在于收紧政策的时机。最难预测的情形是美元升值而美国利率下降（第二象限）。这种情形发生在 1984 年，当时，由于通胀预期的减弱以及投资者对美国国债投资的增加，资本流入激增。鉴于上述因素，我们能够理解为什么对资本流动的计量经济学研究结果不佳，这些研究能够解释稳定的关系（如第一、第三象限），却难以预测通胀预期或资产偏好的变化（如第二、第四象限）。

反通货膨胀的经验教训

20 世纪 80 年代的经历对投资者而言意义重大，它突出了两种关键的作用：（1）80 年代初，美国货币政策转型成功地控制了通胀，但代价却是引发严重的经济衰退和发展中国家的债务危机；（2）里根政府的政策通过降低边际税率刺激了美国经济，但仍不能遏制美国庞大的财政赤字、经常账户赤字及其造成的贸易纠纷。

事态的发展也给投资者带来了一些惊喜：

第一，与当时普遍印象相反的是，美国庞大的预算赤字、经常账户赤字与不断下跌的债券收益率能够共存。原因如下：赤字带来了较高的实际利率，而债券收益率下降的主要驱动因素其实是降低了通胀预期的货币政策。

第二，尽管出现了"双赤字"，较高的实际利率和不断下降的通胀预期吸引了资本的大量涌入，美元和英镑大幅升值。以偏离购买力平价衡量的货币超调量迎来了浮动汇率时代的峰值。最终，决策者不得不放松货币政策以纠正货币超调。

第三，虽然"双赤字"让美国受到了资本外逃的影响，但最糟糕的结果——"沃尔克噩梦"（Volcker Nightmare）并未发生。尽管如此，为了稳定金融市场，七国集团（G7）必须采取一致的政策手段。近年来，中国取代日本成为世界上最大的资本输出国，美国资本外逃的威胁再次浮出水面。

第四，虽然20世纪80年代国际资本流动的影响最为突出，但投资者也从金融市场反通胀的影响中汲取了一些宝贵的经验教训。其中最明显的是，反通胀对金融资产非常有利，80—90年代，金融资产的表现都优于大宗商品（见表5.1）。

表 5.1　20世纪80—90年代的复合年化收益率　　　单位：%

金融资产和大宗商品	80年代		90年代	
	名义	实际	名义	实际
债券				
长期企业债	13.0	7.9	8.4	5.5
长期政府债	12.6	7.5	8.8	5.9
中期政府债	11.0	5.9	7.2	4.3
国库券	8.9	3.8	4.9	2.0
股票				
大盘股	17.6	12.5	18.2	15.3
小盘股	15.8	10.7	15.1	12.2
大宗商品				
石油	−9.3	−14.4	1.6	−1.3
黄金	−2.4	−7.5	−3.3	−6.2

资料来源：伊博森联合公司（Ibbotson Associates）2003年鉴；IMF年鉴。

此外，80 年代中期七国集团官员（G7）在协调政策以稳定金融市场方面所做的努力成效显著。因此，尽管在接下来的几十年里，货币市场仍不稳定，但在 2008 年国际金融危机之前，政策协调方面的努力却大大减弱。部分原因在于，美元后来的下跌通常伴随着美国利率的下降，因此是"良性的"。不过，于 80 年代末始于日本的一种新现象——"资产价格膨胀"浮出水面。20 世纪 90 年代和 21 世纪初也是如此，资产泡沫的经历将给决策者和投资者带来了一系列新的挑战。

结论

问题诊断

由于实际利率上升带来的资本大量流入以及里根政府对强势货币的支持，美元变得过于强势。不过，当美国企业在国际竞争中受挫导致经济放缓时，美国政府在 1985 年改变了立场，即决策者决定在不削弱投资者信心的前提下推动美元大幅贬值。

政策响应

主要工业国的决策者意识到，要想取得预期效果，他们必须协调货币政策。在《广场协议》的指导下，各国央行行长对货币市场进行协调干预，同时放松货币政策引导美元和美国利率走低。相比之下，《卢浮宫协议》则通过美联储的货币政策紧缩以及德国、日本央行的政策放松来稳定美元。

市场反应

《广场协议》成功实现了目标，金融市场也在 1985—1986 年出现反弹。然而，美国官员对德国和日本同行提高利率行为的不满使得《卢浮宫协议》的目标难以实现。这一政策纠纷还导致 1987 年 10 月股市崩盘。当时许多经济学家认为，股市的抛售将引发美国经济衰退，但事实证明，这个警告有误。这与 2008 年相似，在美联储和其他央行放松了货币政策之后，经济和金融市场逐渐复苏。

投资组合配置

《广场协议》期间最佳投资策略是看多美国金融资产，但要降低美元敞口。然而，日本投资者未能认识到对冲美国债券风险敞口的重要性，最终在货币头寸中损失了大量资金。1987 年，美国进入"危机区"，投资者需要削减美国金融资产的头寸。从长期来看，在稳定的反通胀环境下，最佳策略是看多金融资产并减持大宗商品。

注释

[1] 方程可由以下两个会计恒等式推导出来：GDP=C+I+G+X−M；GDP= C+S+T。

[2] 参见 Nicholas Sargen，"International Capital Flows: Framework，Directions and InvestmentImplications." Salomon Brothers Bond Market Research，April 1990。

[3] 参见 Solomon，*The Confidence Game*，Chaps. 18–19。

[4] 同上，p. 337。

[5] 同上，p. 351。

[6] 同上，p.393。

第六章

对欧洲货币联盟概念的投机性攻击

虽然 20 世纪 80 年代欧洲经济整体表现不佳，但 90 年代伊始，人们却对欧洲发展前景持乐观态度。究其原因，主要是因为欧洲共同体（EC）在 1992 年完成了从关税联盟到"货物、人员、服务和资本自由流动"的完全一体化市场的转变。[1] 从欧洲的立场来看，一体化市场的规模有望超越美国，这一发展前景有力地提振了政府和企业并促成了欧洲的投资热潮。

然而，美国人对这一转变的看法却存在很大分歧。有人提出，单一市场将加大美国在欧企业的竞争难度。其他人则认为，欧洲国家可能不会为了实现欧洲一体化而抛开国家利益、解决内部分歧。

1989 年末，随着柏林墙的倒塌及德国统一进程的推进，世界经济形势变得十分紧迫。此时金融市场不得不为重建东欧供应大量资金，欧洲利率随之上涨且于十多年来首次超过美国。美国及其他国家也受到牵连，国际资本市场的竞争变得异常激烈。许多投资者担心美国比过去更易受到欧洲的影响。

与此同时，投资者还必须从各个方面评估 1991 年底欧共体成员在马斯特里赫特达成的于 1999 年 1 月 1 日前建成欧洲货币联盟（EMU）的协议。例如，12 个成员国加入货币联盟的承诺如何？从经济和货币联盟中获益最多的将是哪些国家？是德国和法国等核心国家，还是英国、意大利、西班牙、葡萄牙和爱尔兰等外围国家？随后，在 1992 年至 1993 年，由著名对冲基金发起的投机性攻击几乎中断了欧洲货币联盟的启程，并造成 2010 年到 2012 年欧元区剧烈动荡。

欧洲迎来投资热潮

1989 年东欧剧变之前，西欧经历了近年来最强劲的经济增长（见表 6.1）。这一经济增长始于 1983 年，并于 20 世纪 80 年代末迎来高潮，当时四个最大的经济体（联邦德国、法国、意大利和英国）每年企业固定投资增速高达 10%。

表 6.1　实际国内生产总值增长率　　　　　单位：%

年份	1979—1987	1988	1989	1990
欧洲	2.1	3.7	3.4	2.7
德国	1.7	3.6	4.0	3.3
法国	1.9	3.7	3.6	3.1
意大利	2.5	3.9	3.4	3.0
英国	2.2	4.3	2.4	1.1
西班牙	2.4	5.0	4.9	4.1
日本	4.5	5.7	5.0	4.5
美国	2.7	4.4	2.9	1.5

资料来源：JP Morgan，World Financial Markets，February 1990。

这也是 60 年代末以来，资本形成连续增长速度最快的一次。[2]

投资繁荣是由周期性因素和结构性发展因素共同带动的。在周期性方面，80 年代末，四大经济体的企业利润占国内生产总值（GDP）的比重显著提高，并扭转了 70 年代油价飙升造成的利润暴跌局面。同时，随着国内需求的扩大，企业开始面临产能不足。

最重要的结构性发展是政府推动的在 1992 年建立单一欧洲市场目标的任务。虽然建立单一欧洲市场的目标最早可追溯到 50 年代，但直到 80 年代中后期欧洲官员才使之成为现实。1986 年初，欧共体成员国通过了《单一欧洲法》并承诺于 1992 年底之前建成内部市场。然而，这个项目的风潮两年后才真正开始。1989 年中期，《经济学人》在对欧洲内部市场进行调查时指出：

　　"一年多以前，连欧洲人自己都没有意识到，12 个欧洲共同体国家会在 1992 年底变成一个开放市场。事实上，直到 1988 年 2 月，关于欧共体预算和农业政策的争论平息之后，欧洲有关政府才开始重启两年前制定的任务。不过，得益于该年的上半年欧洲理事会主席国联邦德国的能力和影响力，1988 年开放市场的建设迅速推进。但这个项目并未涉及对世界其他地区的影响。"[3]

对欧洲企业来说，泛欧市场的建成意味着它们能够不断扩大和合理化业务，并从中获得更大的规模经济（见表6.2）。以前，欧共体内的公司只能将业务限制在国内市场，现在它们可以在整个共同体内开展销售业务并开拓市场份额。与此同时，非欧洲公司为了不被排除在市场之外，也在积极发展欧共体内业务。

表 6.2　欧共体国家对其他成员国的出口　　　　　单位：%

年份	1960	1972	1985
联邦德国	29.5	39.9	47.4
法国	29.8	48.8	47.6
意大利	29.6	45.0	46.1
荷兰	45.9	64.8	72.5
比利时—卢森堡	50.3	68.3	69.1
英国	15.2	22.5	46.1
爱尔兰	6.5	15.6	6.8
丹麦	27.5	22.1	43.4
希腊	32.9	48.7	53.1
西班牙	38.5	35.4	49.9
葡萄牙	21.5	20.2	58.4

资料来源：IMF，Direction of Trade，Euro-Politics，Alberta M. Sbragia，editor。

1992年，戴维·卡梅伦（David R.Cameron）教授在一篇文章中指出：

"毫无疑问，欧洲企业是内部市场倡议的重要受益者。欧洲的商品和服务生产商有望进入一个规模超过3亿人的市场。另外，相对于非欧洲生产商而言，欧洲生产商享有特权地位。无论是从边境手续的形式、公共采购的技术标准还是公司法律方面，减少或消除国家间的商贸壁垒都有利于欧洲公司减少交易成本，实现规模经济进而提高盈利能力。1992年的自由化和去监管措施，还鼓励企业通过跨国联盟和合资企业快速获取规模经济。"[4]

利率飙升

欧洲经济和商业投资的繁荣给欧洲利率造成巨大的上行压力，这种现象在通货膨胀加速时期尤其明显。其中，联邦德国的通胀率从前一年的1.8%增加到1989年的3%，几乎翻了一番。意大利和英国的通胀率也上升了一个百分点，分别达到 6.5% 和 7.7%。相比之下，美国的通胀率几乎没有变化，维持在 4.5% 左右。

为了遏制利率上行压力和德国马克对美元的贬值，1989 年德国央行曾多次收紧货币政策。其他欧洲央行也紧随其后，力求将本国货币对德国马克的汇率波动维持在狭窄的区间内。虽然这些举措有利于提高德国马克及其他欧洲货币兑美元的汇率，但它们未能安抚债券投资者的紧张情绪，11 月初柏林墙倒塌时更是如此。柏林墙的倒塌引发了整个东欧的连锁反应，亲西方的领导人推翻了旧政府并取而代之。

随后，生产商、投资者和决策者都开始考虑重建东欧国家（东欧国家人口总计 1.1 亿，约占欧共体总人口的 1/3）。当时几乎没有观察人士怀疑苏联集团国家的重建需要大量来自公共和私营部门的资金。但重建所需的融资规模及在全球资本市场上获得资金的难度等问题确实具有很大不确定性。

市场的注意力集中在统一的德国政府庞大的借贷需求上。联邦德国的政府收支从 1989 年的平衡状态转变成 1990 年占 GDP 4.7% 的赤字，1991 年德国统一后这一数字超过 5%。[5] 此外，联邦德国长期债券收益率也上升了两个百分点，达到 9%。

全球资本短缺

20 世纪 90 年代起，投资者开始担心全球资金短缺。90 年代初，欧洲利率不断飙升，且于十多年来首次超过了美国。[6] 欧洲此前曾是资本输出国，现在为了资助 1992 年的项目①及支持东欧重建开始从国外引进资本。

与此同时，为了抑制日本的"资产价格"通胀，日本央行新任命的行长三重野（Mieno）收紧了货币政策。由于此前的资本支出没能对利率的提高和股市的下跌作出迅速反应，紧缩的货币政策措施也可以用来防止日本经济过热。事实上，在 1990 年，日本对工厂和设备的投资与实际 GNP 的比值创历史新高，达到 25%，投资金额多达 6 500 亿美元，超过了美国的投资支出。[7] 这一政策转变导致美国和日本之间的利差显著缩小，日本资本外流迅速放缓。

美国经济和金融体系也受到了高实际利率的影响：80 年代末出现的储蓄和贷款协会问题继续发酵；1990 年 2 月，德崇证券（Drexel Burnham Lambert）倒闭，垃圾债券市场失灵；春季，新英格兰银行陷入危机，亟待财政部和美联储的救助，商业银行部门的状况也在不断恶化。

以往美联储在这种情形下都会放松货币政策，但考虑到欧洲和日本央行的

---

① 译者注：指建立欧洲单一市场。

政策紧缩，美国遭遇外来资本流入的减少及美元承压等因素，美联储最终并未采取宽松政策。事实上，欧洲和日本的实际利率远远高于美国，许多观察人士甚至担心，即便是在经济疲软期，美国债券收益率也会保持在相对较高的水平。

德国货币统一

到 1990 年夏季，形势越发扑朔迷离。当时，联邦德国总理科尔的首要任务就是鼓励民主德国批准货币统一并允许民主德国货币以 1∶1 的比例兑换成德国马克。另外，尽管东部的劳动生产率比西方低得多，科尔仍致力于维持两德之间的工资平价。然而，这些举措遭到众人的反对，反对者认为这些举措不仅不切实际，还会为两国经济一体化带来隐患。正如史蒂芬·所罗门（Steven Soloman）的评述：

> "科尔政府为了加速德国货币的统一，从联邦德国转移了大量财富给民主德国，民主德国人进行了短暂的消费狂潮。但由于 35% 的工资增速远远超过了民主德国公司的生产力增速，这些公司仍逃脱不了倒闭的厄运。
>
> 由于科尔坚持让东部享受平等的政府福利，同时又拒绝借助增税和削减开支弥补赤字，政府预算平衡难以维持。1991 年，财政预算由 1989 年的盈余转变成超过 GDP 5.5% 的赤字，政府借贷激增。1∶1 的货币兑换比率也导致德国货币供应量增加了 15%。"[8]

这些举措给德国央行行长波尔造成不小的困扰，事实上，他并不赞成迅速统一货币。于是，德国央行决定以沃尔克的方式收紧货币政策。然而，货币政策紧缩导致德国短期利率飙升并超过长期利率，收益率曲线由此产生了有史以来最大的反转。

另外，8 月初伊拉克入侵科威特，世界金融市场再一次遭受重创。科威特石油供应中断导致油价飙升至每桶 40 美元，引发全球股市和债市抛售。美国的家庭和企业只能等待美国及国际社会对伊拉克行动的反应，消费支出因此停滞，美国经济陷入衰退。

迈向货币联盟

在此背景下，欧洲理事会于 1991 年 12 月在马斯特里赫特召开会议，为欧洲货币联盟的建立奠定了基础。此次会议的目标是将现有的欧洲货币体系发展成熟的货币联盟，并在 1999 年 1 月 1 日之前建成单一货币和欧洲中央银行（ECB）。

这是一次具有里程碑意义的发展。20 世纪 70 年代末，法国和德国领导人构建欧洲货币体系的最初目的就是建立一个货币稳定区。但鉴于当时汇率波动异常，欧洲内部的固定汇率制度难以实现。但到 80 年代中期，欧洲货币体系已经形成了准固定汇率制度，构建货币稳定区的基本条件已然具备。

1983 年，法国政府在弗朗索瓦·密特朗（Francois Mitterrand）的领导下放弃了高度扩张的政策并主动与德国政策保持一致，欧洲货币体系迎来关键转折点。随着时间的推移，其他欧洲国家纷纷效仿法国并推行统一的货币政策。1983 年之后，欧洲货币体系内的汇率变动通常只是平价关系的轻微调整。正如英国首相戴维·卡梅伦（David Cameron）所说：

"1983 年，贸易赤字、预算赤字和高通胀加剧了法国法郎的下行压力并引发了汇率波动。这表明在德国稳定物价的努力下，其余各国不能再以货币政策刺激经济增长。否则，1983 年法国社会主义党的历史将会重演。也就是说，为了缩减开支，维持价格稳定，政府必须牺牲需求刺激，否则只能退出欧洲货币体系。"[9]

表 6.3　欧共体 CPI 通货膨胀指数　　　　　　　　　　单位：%

年份	1980	1985	1988
EMS 国家			
联邦德国	5.5	2.2	1.2
荷兰	6.5	2.2	0.7
比利时	6.6	4.9	1.2
卢森堡公国	6.3	4.1	1.4
法国	13.3	5.8	2.7
意大利	21.2	9.2	5.0
丹麦	12.3	4.7	4.6
爱尔兰	18.2	5.4	2.1
非 EMS 国家			
英国	18.0	6.1	4.9
西班牙	15.6	8.8	4.8
葡萄牙	16.6	19.6	9.7
希腊	24.9	19.3	13.5

资料来源：Euro-Politics，Alberta M. Sbragia，editor，p. 48。

20 世纪 80 年代后期，越来越多的欧洲国家采取与德国通胀率保持一致的政策（见表 6.3），这有力地促进了欧洲利率趋同以及欧洲货币体系平价的相对稳定。大多数欧洲货币体系成员国都能将其汇率波动控制在中心汇率上下 2.25% 的区间内（西班牙比塞塔和英国英镑则维持在 6% 的区间内）。

欧洲理事会在马斯特里赫特会议中正式规定了各成员国加入货币联盟的条件。其中包括：[10]

（1）价格稳定，即通胀率不得超过三个最低成员国的 1.5%。

（2）长期利率较低，即长期利率不得超过三个最低通胀率成员国平均利率两个百分点。

（3）汇率稳定，即加入的前两年内，其汇率维持在正常欧洲汇率机制(ERM)制定的波幅之内。

（4）政府财政状况可持续，即预算赤字不得超过 GDP 的 3%，政府债务总额不得超过 GDP 的 60%。

欧洲货币体系成员国可通过立法机构或民众投票批准《马斯特里赫特条约》（以下简称《马约》），会议也为此制定了相关的时间表。

市场对《马约》的反应

金融市场对欧洲货币联盟概念反应良好，全球固定收益投资者也从所谓的趋同交易中获益。随着欧洲通货膨胀率逐渐向德国统一，投资组合经理通常会增持西班牙、葡萄牙、意大利和英国等高收益市场的债券，并减持德国和荷兰等低收益市场的债券。另外，他们还通过出售低收益货币对冲美元敞口。这样一来，他们就能降低套期保值成本，否则其投资回报将与美元损失相当。

20 世纪 80 年代末到 90 年代初，高收益货币普遍能够维持与德国马克的平价关系，上述投资组合策略也大获成功。当时，欧洲货币体系汇率波动的幅度和频率都很低，投资者对此感到十分欣慰，认为汇率在欧洲货币体系内大幅调整并进而导致这一策略失灵的可能性很小。

1992 年 5 月，丹麦选民（以微弱的差距）否决《马斯特里赫特条约》，市场状况也因此发生了显著的变化。这一事件加剧了欧洲货币体系内部的紧张情绪，市场参与者开始担心公众对欧洲货币联盟的支持不足。将于 9 月中旬举行的法国《马约》公投结果显得至关重要，但已有迹象表明投票结果将非常接近。为此，许多宏观对冲基金卖空了高收益货币，全球固定收益基金经理也减少了对高收益市场的敞口，并逐渐将资金转移到核心市场。

7 月，欧洲央行的紧张情绪加剧，德国央行将贴现率提高了 75 个基点，至 8.75%，这给紧盯德国的其他央行带来了压力。9 月初，意大利里拉被迫脱离了规定的汇率波动区间。不久之后，英镑又遭到了攻击。对此，德国央行迅速降低短期利率，英国当局也通过从资本市场借入资金、增加外汇储备并提高利率等方式进行防御。然而，连德国央行行长施莱辛格（Schlesinger）都对平价关系的维持表示怀疑，捍卫英镑的努力最终徒劳无功。这一事件触发了英镑的贬值，迫使英镑、意大利里拉和西班牙比塞塔脱离欧洲汇率机制。据报道，乔治·索罗斯（George Soros）从中获益总额超 10 亿美元。

对欧洲汇率机制的攻击随后蔓延到法郎。当时法国选民以微弱的优势通过了《马斯特里赫特条约》，法国当局应当能够捍卫法郎的平价。然而，1993 年中期当法国失业人口飙升至 300 万时，外汇投机者也意识到法国政府保持高利率的决心正在减弱，法郎再次承压。法国政府联合德国当局采取了大量干预措施，并将法郎的波动区间从 2.25% 扩大到 15%，以提高投机难度。这些举措最终使投资者相信，欧元区概念的核心——法德合作是相当可靠的，投机压力终将随着时间的推移而减弱。

当时我作为保诚保险（Prudential Insurance）全球债券和货币部门首席投资官，第一次直接负责资金管理。这与我之前作为一个战略家为人们提供投资组合配置建议的工作有着天壤之别。对我而言，虽然在所罗门兄弟公司工作期间，前述的象限分析框架十分奏效，但当市场在"风险追逐"模式和"风险规避"模式之间来回波动时，配置投资组合却变得相当棘手。

当初我就确信欧元区的概念不会因为对冲基金的攻击而夭折。[11] 但是由于缺乏对市场走向的认识，我在 1992 年夏天采取了中立的立场。1993 年，我意识到市场反应过度，于是恢复了头寸。许多过度增持高收益货币和债券的共同基金经理在抛售期间被迫退出了业务，这也表明了保持策略灵活性的重要性。我还了解到，精明的投资者除了关注经济基本面因素，还需要了解其他知名基金经理如何配置投资组合，毕竟他们的行动也可能影响市场的长期走势。

对欧洲货币联盟启动的展望

欧共体建立拥有单一货币的货币联盟和欧洲中央银行的决定列为二战后最重要的发展成果。但投资者当时无法确定这一目标能否实现。丹麦公投否决《马斯特里赫特条约》也对这一概念造成了一定的冲击，并致使著名的对冲基金经理们认为英国、意大利、西班牙、葡萄牙和爱尔兰等外围国家无法达标。

回顾 1992 年到 1993 年的危机，我们需要重点关注决策者和投资者对实现通胀和利率趋同这一欧元区启动的必要条件的关注，而其他长期的问题则要交由专业经济学家去思考。出于政治考虑，欧洲领导人强烈支持货币联盟的概念，而当时许多经济学家则对欧洲建立的"最佳货币区"持怀疑态度，并提出构建货币联盟的不利因素最终会抵消其为成员国带来的好处。

其中，首要的不利因素便是欧洲劳动力的流动性有限。一旦欧洲某一地区发生了负向冲击，由于语言障碍和文化隔阂，失业者不愿迁移到另一个地区。其次，欧洲货币联盟缺乏财政联盟的支持，无法实现中央政府向欧洲各国政府的转移支付。货币联盟的建立使其成员无法降低汇率或奉行独立的货币政策。因此，许多国家不得不大幅削减实际工资来缓解较高的失业率。

但是上述问题并没有使投资者丧失信心。究其原因，主要是因为欧洲在 20 世纪 90 年代经历了强劲的经济增长，而法国和德国也表现出维持德国马克—法郎平价的决心。这些都为 1999 年欧元的发行奠定了基础。接下来的 10 年里，欧元区的通胀差异持续缩小，欧元区债券收益率的息差也降至历史最低水平。

至此，欧元成功启动，而最大赢家是受益于利率下降、资本流入和经济强劲增长的外围国家。纪念欧洲央行成立十周年的一份刊物对欧元的发行大加赞赏，但也提出了几项重要的警告：

"这些年的发展表明，欧洲货币联盟拥有健全的基础，采用欧元的国家也实现了经济的高度融合。然而，欧洲货币联盟的发展也面临着一些挑战。首先，大多数欧元区国家仍然需要增强其应对冲击的灵活性和适应性。也就是说，它们必须继续推进对产品和劳动力市场的结构性改革……各国政府还必须不断监测国家竞争力的发展状况。另外，虽然金融一体化取得了较大进展，但在跨境银行等方面还有待进一步的发展。欧盟的框架也尚未达到稳定的状态。"[12]

两年后，新当选的希腊政府宣布该国的预算赤字和未偿还债务远远超出以前报告的数额，这也证明了上述警告是有先见之明的。投资者开始担心欧元区国家的主权信用风险，尤其是希腊、爱尔兰、意大利、葡萄牙和西班牙等预算赤字和未偿还债务规模都比较大的国家。在接下来的两年里，这些国家的债券收益率不断飙升，其与德国长期国债之间的信贷利差明显扩大。经济的严重衰退和失业率的不断攀升导致这些国家不得不实施紧缩计划并不断降低债务水平。而投资者只能等待选民的反应来判断是否会有国家退出欧元区。

这次的经历表明，欧元区的设计在经济疲软时期是十分脆弱的。其中比较突出的问题是，欧洲金融体系缺乏中央监管，各国监管机构只能对银行实行不同的监管标准。更令人惊讶的是，在金融危机期间，竟然没有真正的最后贷款人来提供流动性。然而，就在 2012 年中期，欧元区备受质疑时，欧洲央行行长马里奥·德拉吉（Mario Draghi）宣称将"不惜一切代价"稳定欧元。投资者将这一声明解读为：欧洲央行将购买其成员国的债券并将为避免金融体系崩溃提供必要的融资。事实证明，这些举措确实恢复了投资者对欧元区的信心。接下来的两年里，债券收益率不断下降，信贷利差也收窄至危机前的水平。

然而，这一行动并未完全打消投资者的顾虑。2015 年上半年，新当选的希腊政府拒绝债权人对其提出的接受第三次救助计划的要求，欧元区面临新的危机。当时，希腊差一点被逐出欧元区，不过希腊政府最终默许了债权人的要求，留在了欧元区。尽管如此，希腊却遭遇了战后最严重的萧条，该国的银行体系也支离破碎，形势岌岌可危。

欧元区长期前景

尽管经历了这么多，如今大多数投资者仍不清楚欧元区的前景。

我认为，如果决策者无法恢复经济增长并降低失业率，欧元区的长期前景依然阴云密布。尽管目前欧元区各国政府出于政治原因努力推动欧元和货币联盟的发展，但某些成员国的选民已经丧失了信心，甚至选出反对持续紧缩的领导人（正如在希腊发生的）。

我以前的同事，纽约大学现任教授金·舍恩霍兹（Kim Schoenholtz）在一篇题为《成为欧洲的重要性》（*The Importance of Being Europe*）的评论中很好地总结了这一点。[13] 他认为无论是过去还是现在，欧洲货币联盟都不是经济努力的结果。相反，欧洲货币联盟的两位创始人认为，它最重要的作用体现在建立更加完善的政治联盟方面：

"经历了 20 世纪欧洲民族主义灾难的人们意识到这些压力将促使欧洲领导人作出更大的主权牺牲来拯救和推进政治联盟。

这一结果确实有可能，但从来都不是命中注定的……虽然欧洲人普遍支持欧元，但他们总体上没有意愿进一步将权利授予欧盟……相反，始于 20 世纪 50 年代的推动一体化的努力正促使面临经济压力的欧盟成员国孕育出强大的反欧政治力量。"

从这个意义上讲，关于欧洲是否是最佳货币区的争论并未得到解决。正因如此，如今的投资者必须意识到欧元区的主权信用风险，以及某一或某些成员退出欧元区的可能性。

结论

欧洲货币联盟的创立对二战后的发展具有十分重要的意义。尽管欧洲政界人士将欧洲货币联盟视为确保欧洲稳定、经济繁荣的一种手段，但金融市场已经数次考验了决策者力图达到欧洲货币联盟标准的决心。

问题诊断

1991 年《马斯特里赫特条约》通过后，欧洲外围国家能否达到欧元区准入标准成为社会各界关注的焦点。为了应对国家统一后不断上涨的通货膨胀，德国央行大幅收紧货币政策，给这些外围国家带来了更大的挑战。

政策反应

欧元区外围国家大都奉行紧缩的货币政策，将货币保持在规定的波动范围内，并努力与德国通胀率保持一致。

市场反应

投资者最初通过购买收益率较高的外围国家债券卖出低收益货币（主要是德国马克和瑞士法郎）支持欧元区的概念。然而，在丹麦拒绝签署《马斯特里赫特条约》之后，几家知名对冲基金大举押注，欧元区外围国家无法将本国货币置于规定的区间内。其中最引人注目的事件要数 1992 年 9 月英国英镑在规定区间外的异常波动。

投资组合配置

在 1992—1993 年对欧洲货币联盟的初始测试中，投资组合配置面临的主要挑战是市场在"风险追逐"模式（福佑区）和"风险规避"模式（危机区）之间来回波动加大了对资金管理的挑战。在此期间，我认识到在不完全了解市场走向的情况下保持投资组合灵活性的重要性。因此，我的结论是，投资者在抛售阶段要减少风险头寸，等到恢复信心时再重建风险头寸。当相同的市场模式在 2010—2012 年再度出现时，这一做法助我挺过了危机。

注释

[1] 参见 David R. Cameron，"The 1992 Initiative; Causes and Consequences" in *Euro-Politics*, Brookings Institution，Washington，DC，December 1991。

[2] JP Morgan，*World Financial Markets*，"The Decade of Europe?" February 14，1990.

[3] *The Economist*，"A Survey of Europe's Internal Market"，July 8，1989.

[4] Cameron，"the 1992 Initiative"，pp. 48–49.

[5] Solomon，*The Confidence Game*，p. 473.

[6] 注：相比之下，20 世纪 80 年代早期美国短期利率比德国高出 10%。

[7] Solomon，*The Confidence Game*，pp. 473–474.

[8] 同上，pp.46–47。

[9] Cameron，"The 1992 Initiative"，p.47.

[10] *The Economist*，"A Survey of Europe's Internal Market".

[11] 德国总理科尔（Kohl）在纽约发表的一篇演讲对我产生了重要影响。他解释说，欧洲货币联盟（EMU）的成立对于化解人们对德国统一的担忧至关重要。我认为，当时欧洲货币联盟成立的政治意义要远大于经济考虑。

[12] European Central Bank，*Monthly Bulletin*，10th Anniversary of the ECB，July 2008.

[13] 2014 年 10 月 27 日，克米特·舍恩霍尔茨（Kermit Schoenholtz）的评论。

第二部分

信贷宽松滋生资产
泡沫和不稳定性

伴随 20 年通缩的日本泡沫高潮 | 第七章

在二战后大部分时间里，日本都是全球最活跃的经济体，其经济增长率一度远超欧美。强大的出口能力给日本带来了持续的巨额贸易和经常账户顺差，也使日本在 20 世纪 80 年代成为世界最大的资本输出国。1985 年，由于主要工业国家签署了旨在引导美元对主要货币汇率有序贬值的《广场协议》（*the Plaza Accord*），日本经济受到了"日元冲击"（Yen Shock）。然而日本经济表现得十分有弹性：20 世纪 80 年代中后期，日本经济的年均增长率达 4%~5%，随着利率跌到历史低点，股市和房地产价格飙升。

然而在 20 世纪 80 年代末期，日本央行为应对资产价格膨胀实施了紧缩的货币政策，经济形势发生巨大变化。90 年代初，日本经济陷入停滞状态，股市和房地产市场价值急剧下跌。在接下来的 20 年里，日本经济陷入低增长陷阱并面临着长期的通缩压力。

日本经济的巨变给投资者带来了以下几个问题：

（1）哪个环节的失误导致了日本从活跃的经济体转变为经济停滞长达 20 年的经济体？

（2）日本泡沫经济给美国及其他国家提供了什么经验教训？

（3）投资者是怎么盲目地将日本股市和房地产推到这样不可持续的地步的？

日本的经济神话

二战后，日本经济经历了前所未有的增长。20世纪60年代，日本经济年增长率超过10%，远远超过七八十年代美国和欧洲的增长率。这样的成绩，一方面是由于日本在战后能够重建和赶超，另一方面也得益于高储蓄率、高投资率以及基于强劲出口增长的发展战略。但是，日本的经济表现并不协调，其大规模企业主要面向包括美国和欧洲在内的海外市场，而小规模的家族企业则为远远落后于其他工业国家的国内经济服务。

在日本最强大的政府部门之一通产省的领导下，日本从被战争绑架的经济体转变为全球超级经济体。这一过程又分为多个阶段。第一阶段为20世纪50年代，强调增加煤炭和钢铁生产，发展造船和木材生产等重工业。第二阶段为20世纪六七十年代，重点转移到消费品生产和汽车出口市场。第三阶段也即20世纪80年代，日本进入高速发展阶段，主要发展计算机和电子消费品等知识型产品。

该时期日本的经济政策在国际上普遍被看好。对外界来说，政府和企业之间的紧密联盟是一个强大的组合，"日本公司"（Japan Inc.）这个绰号也由此得来。日本政府因追求限制预算失衡、控制通货膨胀的宏观经济政策享有很高的信誉。日本人也普遍受过高等教育，适应能力良好。1979年，著名学者、哈佛大学的以斯拉·沃格尔（Ezra Vogel）教授写了一本名为《日本第一》（*Japan as Number One*）的书。书中写道："日本对后工业社会基本问题处理得比其他任何国家都要成功得多。"[1]

这种乐观的态度部分反映了日本经济和人民的巨大复原力。70年代中期，日本遭受到了第一次石油危机的冲击，但是日本随即采取了能源节约政策以降低未来石油危机的冲击。因此，在1979年和80年代初发生第二次石油危机时，日本经济更好地应对了油价飙升的影响。20世纪80年代中期，当石油价格急剧下跌时，日本经常项目账户盈余创历史新高，其海外资产与70年代欧佩克的资产相当。与此同时，美国出现了创纪录的外部赤字，赤字的很大一部分是由日本央行以及人寿保险公司、信托银行等机构投资者通过购买美国债券得以融资（弥补赤字）。

日元升值（Endaka）时期

双边贸易的大量失衡导致美日之间的贸易紧张关系日益加剧，美国官员批评日本操纵日元。1985年9月，五大工业国家——美国、日本、联邦德国、英国和法国达成了旨在推动美元有序贬值的《广场协议》。在接下来的10年里，日元兑美元升值约 50%，而日本通货膨胀率则低于美国（见图 7.1）。在前 5 年内，日元实际汇率升值超过了对美元和英镑的名义升值幅度，美国和英国两国最终都不得不放松货币政策来恢复国际价格竞争力。

图 7.1　日元兑美元汇率以及贸易量加权的日元汇率

（资料来源：JP Morgan）

同样，日元飙升引发了日本决策者对出口增长和整体经济增长的担忧。由于日本经济显著放缓（从 1985 年的 5% 降至 1986 年的 2.5%），日本央行积极放松货币政策，官方贴现率由 5% 下调至 2.5%。这导致了持续到 20 世纪 80 年代末的低利率和货币信贷的高速增长。日本经济再次显现出弹性，1987 年实际国内生产总值（GDP）增长回升至 4%，1988 年则回升至 6%。

这些发展反过来又使日本企业和金融机构改变其自身行为。越来越多的日本跨国公司将生产转移到海外，特别是新兴亚洲市场，那里的生产成本明显低于日本。这一时期，企业开始通过投资厂房和设备降低成本，并主要通过债务融资进行扩张。从 1986 年到 1990 年，日本企业资本投资每年增长 11%，资本存量累计增长 40% 以上，增幅是美国的两倍。

在短期内获取现成融资的能力也引发了广泛的投机和所谓的"财术"[①]（Zaitech）融资。由于造船、钢铁、汽车等依赖出口的行业面临严重的利润挤压，其他行业的公司则可以通过发行可转换债券和创设将收益再投资于日本股市的实体获取现成融资。随着日本股市飙升，这些投资工具增加了公司的盈利能力（当时有观察人士估计，日本那些最大的企业报告的利润总额中有

---

① 译者注：也称"财技"，是一种旨在赚快钱的金融投资、企业融资及财务策划技术。

40%~50%来自"财术"融资）。

　　日本央行监管的独特性也增加了资产泡沫产生的可能性——监管当局允许日本银行将股票持有量作为"主要资本"（Primary Capital）。[2]（美国或欧洲银行监管不允许这种做法。)这种操作是非常顺周期性的，因为如果股票(或房地产）价值急剧收缩，银行资本就会崩溃。日本银行贷款的做法使得情况更加复杂：银行接受房地产作为贷款抵押品，土地实际上成为信贷扩张的引擎。

　　只要货币政策持续宽松，日本企业就似乎找到了克服强势日元冲击的方法。受投机性投资活动的影响，许多公司报告了强劲的收益，金融机构和家庭也受益于股价和土地价格的飞涨。然而，支撑经济的基本商业和金融结构正变得越来越危险。[3]

货币紧缩与泡沫破裂

　　为了抑制"资产价格膨胀"，日本央行行长三重野康（Yishui Mieno）上任后开始收紧货币政策，日本经济泡沫随之破灭。贴现率从1989年的2.5%提高到1990年的6%（见图7.2）。与此同时，日本央行命令商业银行将贷款总额减少30%，并禁止它们向房地产公司和房地产投机商贷款。所有这些措施都导致货币供应量（M2 + 大额可转让存单 CDs）增长率从1988年的12%暴跌到1992年的零（见图7.3）。

　　这迅速影响到股票市场，从1989年底到1992年，日经225指数平均下跌超过50%（见图7.4）。土地的价格也下降了，但由于交易量相对较小，下降幅度难以度量。[4]

图7.2　日本央行贴现率

（资料来源：日本央行）

图 7.3　日本货币供应量 M2 同比增长率

（资料来源：日本央行）

图 7.4　日本股市：日经 225 指数

（资料来源：日经）

　　尽管如此，日本的总体经济表现仍令人惊讶：1992 年以前，实际国内生产总值继续以 4% 以上的速度增长，日本的贸易顺差继续上升。这样的经济弹性某种程度上是源于日本的终身雇佣制度，即使利润下降，公司仍然保留多余的劳动力。此外，虽然已有相当多的过剩产能，这些企业仍继续增加产能。日本家庭也减少了储蓄以维持他们的生活方式。

　　然而，到 1992—1993 年，日本经济增长停滞，陷入衰退。总就业人数在 7 年来首次萎缩，公司利润在二战后第一次连续 3 年下滑。日本社会的情绪发生明显变化，对迷失方向的担忧取代了对日本资本主义成功的自信。

随着恐慌情绪的发展，日本财政部试图通过将公共养老金和邮政储蓄直接投入股票市场阻止股市下滑。尽管如此，所谓的"保价操作"（Price-keeping Operation）仅仅起到了暂时支撑股市的作用。

此后，日本政府迫使日本央行放松了对货币政策的控制。到 1993 年，贴现率创下了 1.75% 的历史低点。同一时间日本还推出了约占国内生产总值 6% 的政府支出系列计划。然而，由于经济产能过剩，企业不愿增加投资，这些政府计划对经济影响甚微。

通货紧缩开始

到 20 世纪 90 年代中期，日本经济经历着温和的复苏。但是，通缩压力也随着日元继续创纪录的升值而增强。日本进口价格指数由于日元升值和廉价的亚洲商品进口激增而稳步下滑。以上情况又导致了消费价格直线下滑。

通货紧缩的压力也有一部分来源于金融部门的问题，例如不断恶化的不良贷款 (NPL) 数量。[5] 截至 1997 年，不良贷款问题使一些大型机构陷入破产危机。大约在 1997 年底，13 家主要的城市银行之一宣布破产。在接下来的一周里，日本最大的证券公司之一也倒闭了。政府试图平息人们对日本金融体系接近系统性崩溃的担忧，并通过立法向有生存力的银行注入公共资金。然而，银行不愿意寻求援助，担心公众会将银行接受援助视为银行脆弱的信号。1998 年年中经济形势进一步恶化，日本经历了历史上规模最大的银行倒闭潮，迫使政府将银行业国有化。

以上的累积效应使日本经济重新陷入衰退。接下来的政策反应更为激进。政府在 1999 年初引入"零利率政策"（Zero Interest Rate Policy，ZIRP），并在 1998—1999 年实行了相当于国内生产总值 12% 的大规模财政刺激措施。日本还通过了相关立法——可以在问题银行没有自愿请求救援的情况下通过一个独立委员会向其有效注入公共资金。然而，由于银行力图通过缩小资产负债表来恢复资本充足率，宽松的货币政策无法改善信贷条件紧缩的情况。

银行不愿意清理不良贷款或降低内部储备，直到新成立的金融服务机构（Financial Services Agency，FSA）要求它们这么做。[6] 这个机构建立了评估不良贷款的通用标准，派出检查人员到各大银行，确保贷款流程符合要求。这个过程对于衡量恢复资本充足率所需的财政投入以及使股东承担初始责任至关重要。直到 2003 年大和银行（the Resona Bank）被国有化，相当于国内生产总值 9%的公共资金注入银行以提高银行资本，银行危机才结束。

资产负债表式衰退

回顾日本的经验，股票和房地产泡沫爆发之后的停滞不前，与工业国家在二战后经历的典型商业周期截然不同。野村综合研究所（Nomura Research Institute）首席经济学家理查德·古（Richard Koo）是第一个将其称为"资产负债表式衰退"（Balance-sheet Recession）的学者，并将其与典型的"花园式衰退"（Garden Variety Recession）进行比较。[7] 两者关键的区别在于后者主要是受通货膨胀压力、货币政策紧缩和库存周期推动的，而资产负债表式衰退的根源在于崩溃的资产价值与其必须承担的过度债务之间的不匹配。理查德·古认为，日本泡沫破裂后，日本企业的重点是减少债务，而不是最大化利润。最终的结果是私人部门储蓄激增，导致收入、价格和利率下降。

资产负债表式衰退也伴随着长期信贷需求不足。因此，随着企业削减资产负债表以减轻债务负担，金融机构也面临压缩资产负债表以恢复其资本充足率的压力。在这种情况下，理查德·古认为政府必须介入，抵销私人部门支出的下降。他认为，随着利率下降到零，货币政策变得无能为力，当局无法通过向银行系统注入储备来刺激货币和创造信贷。

然而，后者的观点却受到了时任美联储副主席的本·伯南克的质疑。2002 年在一个题为《通货紧缩：不要让它在这里发生》（*Deflation: Making Sure "It" Doesn't Happen Here*）[8] 的演讲中，伯南克不同意货币政策无效的观点：

> "不过，今天我的一个主要观点是，对于其惯用的政策利率被迫下调为零的中央银行而言，它肯定没有用完弹药。中央银行无论是单独行动还是与政府其他部门合作，即使惯用的政策利率为零，也仍然具有相当大的能力来刺激总需求和经济活动。"

伯南克在演讲中为 2008 年国际金融危机后美联储推行的量化宽松政策和"扭转操作"（Operation Twist）等政策作了铺垫。

伯南克在同一篇演讲中也就日本为什么不能结束通货紧缩提出了自己的看法。他列举了两个主要原因。第一个原因是，日本面临着重大的经济增长障碍，包括银行业和企业部门的大规模金融问题以及大量的政府债务。他还承认，私营部门的金融问题可能会削弱日本货币政策的影响。在这方面，他当时说道："幸运的是，美国并不存在这些问题。"

第二个原因是，持续的通缩是长期以来就如何解决日本整体经济问题的政治辩论的副产品。因此，虽然日本人意识到恢复银行和公司偿付能力与实施结构性变革是恢复日本长期经济健康的需要，但政治家、经济学家、商界人士和广大公众对竞争性改革的建议存在着尖锐的分歧。他总结了以下观点：

"在我看来，政治约束而非政策工具的缺失，解释了通缩持续的原因。因此，我不认为日本的经验是反对美国决策者使用必要工具来防止美国通货紧缩式衰退的证据。"

与美国经验的不同之处

根据 2008 年国际金融危机发生 6 年后的情况，将美国和日本的经验与资产泡沫进行比较是有价值的。在 20 世纪 90 年代后半段的科技泡沫时期，一些观察人士认为，美国将遵循与日本相同的过程，他们还制作了一张展示相似性的著名图表。随着房地产泡沫的破裂，10 年之后，上述担忧又重新浮出水面。

然而，如今看来，两者的结果显然在几个方面有很大的不同。首先，2008—2009 年美国和全球的经济衰退比 90 年代日本经历的严重得多，但美国股市在几年内有所回升，而日本股市在 25 年之后仍然低于最高水平的 50%（见图 7.5）。

图 7.5 著名的股票比较（相差 10 年的美国与日本股票市场）

在我看来，导致这种差异最重要的因素与两国企业部门的调整有关。在日本的情形中，企业没有通过裁员或遏制资本支出对企业利润的恶化作出反应。事实上，在泡沫破灭几年后，企业继续雇用并增设工厂和设备，这有助于在危机初期支撑经济。相比之下，美国企业迅速适应金融危机，纷纷裁员，缩减资本支出。这种反应导致美国经济陷入严重衰退，但也导致公司利润出现"V"形反弹，推动了美国股市的复苏。

其次，尽管经济下滑较为严重，但美国并没有出现通货紧缩，而日本则在 20 世纪 90 年代中期和 21 世纪初期经历了通货紧缩。如前所述，当日本央行戳破日本的资产泡沫时，它允许货币供应增长率从 20 世纪 80 年代后期的 10%~12% 下降到零。此后 20 年里，货币供应量增长率维持在 2%~4%。尽管股票和房地产价格急剧下跌，但日本央行又坚持了两年没有放松政策，直到 1993 年底才把贴现率降到了 1989 年开始收紧政策时的水平之下。

在这方面，关键的区别在于迅速果断的货币政策。在美联储主席伯南克的领导下，美国采取了量化宽松政策，通过购买国债和抵押贷款支持证券将美联储的资产负债表扩大了四倍。与此同时，美国金融机构由于遵循市值计价的会计原则而被迫减记资产价值。在 2007—2009 年，由于抵押担保证券和其他结构性金融工具价值暴跌，上述举措加剧了金融危机。然而，美联储向市场大量注入流动性以及美国政府向银行体系注入资本的政策行动稳定了金融市场，为信贷的恢复奠定了基础。在日本，相比较而言，银行继续将不良贷款按面值保留在账面上。这些"僵尸贷款"（Zombie Loans）阻碍了新的信用创造。

最后，自 2009 年初以来美国股市的强劲反弹反映出企业利润的快速回升以及低利率和量化宽松的影响。尽管许多投资者对美国成本削减的持续性持怀疑态度，但最初源于利润率扩张而激增的企业利润随着营业收入的增长不断扩大。就其本身而言，美联储的资产负债表规模和总体市场（以标准普尔 500 指数来衡量）之间有着紧密的联系，尽管这样的联系似乎是间接的而不是直接的。相比之下，日本股市和房地产市场价值仍只有泡沫破裂前的一半左右。

给投资者和决策者的经验教训

日本股市和房地产泡沫的经历对于投资者和决策者来说都是非常重要的，因为它代表了二战后第一次通货紧缩。日本资产泡沫对现代投资组合理论（MPT）和有效市场理论（投资者是理性的）的关键原则提出了重大挑战。这个假设显然不适用于日本投资者，他们把股票市场的估值提高到 80~90 倍市盈率，房地产价值也达到不可置信的水平。据说东京皇帝宫的价值超过了加利福尼亚所有房地产的价值。

这引出了两个问题。首先，从长期均衡水平来看，这些估值怎么能偏离得这么远呢？其次，为什么大多数经济学家和投资者忽视了日本发生的这些情况呢？

我对第一个问题的回答是，在日本数十年来的成功之后，投资者成为趋势追随者，他们无法想象事态的发展可能改变这一趋势。一些观察人士认为，由于日本公司的交叉持股，高股票估值是合理的。其他人则认为这是由于公司按面值公布利润增长且未来资金流以创纪录的低利率进行贴现。房地产方面，高税率和土地区划限制妨碍了活跃的交易，因此估值往往是基于假设计算的。然而，最终这些解释被证明是对非理性行为的合理化。

第二个问题更难解释。我的看法是，西方经济学家和投资者认为日本是独一无二的，他们并不了解其企业和金融机构是如何运作的，因而也不愿意根据日本的经验得出广泛的结论。因此，尽管日本的跨国公司因其在全球范围内的竞争能力备受推崇，但在公司结构和治理方面并非如此。而且，日本投资者在财务和投资方面也被认为是缺乏经验的。

随着全球资产泡沫的扩散，包括亚洲金融危机、科技泡沫和 2008—2009 年的国际金融危机，有效市场理论和现代投资组合理论受到了更为严格的审视。投资者应该从这些事件中学到的教训之一是，虽然宽松货币政策和信贷扩张政策往往能够起到长期刺激经济的作用，但随后的紧缩政策很快就能抵消这些政策效果。

决策者在这方面的主要教训是，一旦泡沫破裂，就需要迅速采取果断的行动。否则当家庭、企业和金融机构尝试减轻债务负担时，很可能会陷入去杠杆的恶性循环。在这种情况下，反应速度至关重要。决策者推迟对抗通货紧缩的时间越长就越难规避通货紧缩。

透视日本泡沫

日本泡沫发生时，我就职于所罗门兄弟公司债券市场研究部，负责亚太地区固定收益研究。虽然我的工作没有覆盖日本市场，但是通过阅读由东京证券研究部出版的研究报告，我也对日本的情况有一定的了解。东京的机构对日本市场非常看好，理由是其经济正在健康发展，而通货膨胀是可控的。它们认为经过低利率调整后的市盈率（P／E）是合理的。然而，这一观点与所罗门股票研究部门负责人鲍勃·所罗门（Bob Salomon）的报告完全不一致，他认为日本股市已经是泡沫市场。（公司认为研究人员应该表达自己的观点，客户可以自行决定自己的看法。一个好的解释是公司认为研究员应该自由表达研究观点，不太好的解释就是公司不想因销售日本股票而失去收入。）

当时我正试图评估 1985 年到 1988 年中期日元 50% 的实际升值是否可持续。1988 年 6 月，我和我的同事金·舍恩霍尔茨（Kim Schoenhokz）共同撰写了一篇题为《日本调整的奇迹及其对日元的影响》(*Japan's Adjustment Miracle and Its Implication for the Yen*)的文章,金是来自东京的研究日本经济的著名经济学家。[9] 在这篇文章中,我们指出,日元升值超过了里根时期的美元升值和撒切尔时期的英镑升值,关键的不同是日元升值伴随着创历史新低的利率。相比之下,英镑和美元的走强与利率创历史新高有关,两国在货币政策放松后其货币均大幅走弱。

我们的报告认为日本有更好的适应强势货币的机会,有三个原因:(1)日本贸易条件(出口价格相对于进口价格)的有利转变;(2)日本劳动生产率的提高,加上工资增长适度,导致单位劳动力成本下降;(3)日本的资本和技术向亚洲其他地区的转移。报告最后的结论是:"日元将是浮动汇率时代首个维持实际大幅升值的货币"(在原报告中以粗体字标注)。

关于日元的结论是正确的,但是只有在日本泡沫破裂之后,我才意识到这个国家实际上处在寅吃卯粮的窘境中。当日本经济在 20 世纪 90 年代停滞不前时,有越来越多的证据表明日元已经变得太强了,而这成为通缩压力的持续来源。

但令我吃惊的是,从 1992 年到 1995 年 3 月,日元兑美元升值了 30% 以上。这主要是因为美国官员被日本与美国间的贸易顺差所困扰,且美国财政部部长劳埃德·本特森(Lloyd Bentsen)曾在多个场合通过言论压低美元。考虑到 1993—1994 年美国经济正在好转,而日本经济正在陷入衰退状态,我不会受该策略的影响。

在批评日本针对通货紧缩的政策的同时,我也认为美国政府通过日元升值来缩减日本对美经常账户盈余的做法值得批评。原因是,从 1985 年初开始的 10 年间,日元兑美元升值了 70%,但这对减少日本经常账户盈余没有明显的影响!幸运的是,1995 年罗伯特·鲁宾(Robert Rubin)成为财政部部长,他放弃了被误导的政策立场并采取了强势美元政策。

最后,泡沫破裂后日本经济的疲软从根本上改变了我对日本经济的看法。长期以来我一直看好日本经济,不仅是因为其二战后增长速度很快,还因为日本领导人似乎能够适应困境。当我看到这些已经不复存在时,我对日本政府处理通货紧缩的能力丧失了信心。因而在担任摩根大通私人银行首席投资策略师期间,我不建议投资者在日本进行投资。

结论

问题诊断

投资者的关键问题是弄清 20 世纪 80 年代后半期日本房地产和股市暴涨是

否是泡沫。虽然事后看来很明显，但当时大多数投资者认为资产价格上涨是由于低利率和日本经济对超强日元的适应力。

政策响应

日本经济泡沫破灭后，日本央行在 20 世纪 90 年代初收紧货币政策，并保持了高利率。决策者认识到通货紧缩成为威胁时，为时已晚。当美国官员要求日元升值时，日本的问题变得更为复杂。日元升值加剧了通货紧缩，而且对纠正美国的贸易不平衡作用甚微。

市场反应

日本的股市和房地产市场价值都急剧下滑，并且在 20 世纪 90 年代中期以前日元仍维持强势。20 年后，这两个市场的价格仍然远低于 80 年代的水平。

投资组合情况

在日本泡沫破裂后的 20 年里，我都没有推荐日本股市，因为我对日本决策者克服通货紧缩的能力没有信心。

注释

[1] Ezra Vogel，*Japan as Number One*，originally published in 1979，now available through iUniverse.

[2] 参见 Christopher Wood，*The Bubble Economy: Japans Extraordinary Speculative Boom of the '80s and the Dramatic Bust of the '90s*，Solstice Publishing，December 2005。

[3] 伍德（Wood）指出，日本银行在欧洲美元市场上大量借贷。即使是世界上最大的银行，它们也必须支付一种叫作"日本利率"的溢价。

[4] 导致房地产流动性极差的一个原因是，日本政府为了抑制投机行为对土地征收高额税收：持有期不足两年的土地，需缴纳 150% 的资本利得税。

[5] 参见 Jesper Kohl，J P Morgan Securities Ltd.，"Japan Without the 'Hidden' Safety Net，"October 28，1997。

[6] Wood，*The Bubble Economy*.

[7] Richard Koo，*The Holy Grail of Macroeconomics*: *Lessons from Japan's Great Recession*，John Wiley，revised edition，August 2009.

[8] Benjamin Bernanke，Federal Reserve Board，"Deflation: Making Sure 'It' Doesn't Happen Here，" November 21，2002.

[9] Salomon Brothers，International Bond Market Analysis，report dated June 15，1988.

Chapter Eight

由亚洲房地产热潮引发的国际金融危机

自布雷顿森林体系崩溃以来，亚洲新兴经济体一直位列世界上发展最快的国家，这也一直是国际经济学家感兴趣的话题。尽管如此，直到 20 世纪 90 年代中期，这些经济体才成为美国国际经济政策关注的焦点。这主要反映了该区域很多经济体规模较小的实质，以及它们在 80 年代欠发达国家金融危机期间独当一面的能力。

从那时起，一些新兴亚洲经济体的发展便引起了美国官方和广大公众的注意。其中最广为人知的是中国在过去 10 年作为超级经济大国的崛起（见第十一章）。然而，20 世纪 90 年代后期亚洲金融危机却成为需要国际政策协调的关键问题。这一问题在 1997 年年中泰铢被迫贬值时浮现出来，其汇率压力逐渐蔓延到东南亚其他地区，并随后蔓延到北亚和世界其他地区。

亚洲危机是值得注意的，因为它标志着金融危机首次席卷全球。当时关于危机的起因也存在争议。该地区的一些官员指责国际投资者引发了这场动荡，一些知名经济学家也在质疑发展中经济体是否应该维持开放的资本市场。事实上，有人认为，资本管制是防止危机再次发生的必要条件。对于投资者来说，这次事件提出了这样一个问题：一个小型经济体的内部经济问题如何能从东南亚传播到北亚乃至世界其他地方呢？

除了传染性，亚洲金融危机对投资者也意义重大，因为它标志着新兴经济体面临的新型危机。不像由政府的赤字融资和宽松的货币政策导致的"旧式"外汇危机，地产商和金融机构的资产负债表状况加剧了亚洲金融危机的严重性。国际货币基金组织提出的政策建议威胁到了几个国家的银行体系并加剧了危机，它也因此受到了一些经济学家和亚洲官员的批评。与此同时，国际投资者还面临着评估金融体系将如何应对高利率的挑战。

这次危机之后，亚洲地区的官员认为，防范未来危机最好的办法是保持经常项目顺差和积累外汇储备。另外，亚洲经济体与美国的一体化程度也有所提高，美国成为亚洲商品的主要目的地，亚洲的一些央行也以低利率买入并累积美债。决策者和投资者面临的一个关键问题是，这种相互依赖是否是稳定而持久的。虽然批评人士认为这种结构充满风险，可能会解体，但我认为该地区经济体将其货币与美元挂钩是有道理的。

新兴亚洲的魅力

虽然关于亚洲金融危机的原因存在很多争论，但亚洲经济的快速增长、低通货膨胀和良好的经济政策也使亚洲新兴市场成为一个有吸引力的投资天堂：

首先，五个东南亚国家联盟（ASEAN）成员——印度尼西亚、马来西亚、菲律宾、新加坡和泰国，以及中国香港、韩国、中国台湾和中国等亚洲虎被认为是世界上最有活力的经济体。它们以出口拉动经济增长，并保持着世界上最高的储蓄率。

其次，这些国家和地区的外债水平也相对较低，因而成功克服了 20 世纪 70—80 年代的外部冲击。80 年代债务危机期间，环太平洋国家和地区中只有印度尼西亚和菲律宾需要国际货币基金组织的援助，而且两者都被视为成功援助的案例。

最后，尽管泰国的领导层经常发生变动，印度尼西亚苏哈托总统（President Suharto）的继任者也有不确定性，亚洲国家和地区在政治上仍被认为是稳定的。该地区也有良好的货币稳定性。截至 1997 年中期，过去 10 年中唯一的一次货币贬值是 1990 年菲律宾比索贬值 20%。其余的货币波动相对于美元而言是相当温和的，年波动率通常为 5% 或更低。

对外资依赖的增加

由于高储蓄率和对出口拉动型增长的依赖，亚洲新兴市场在 20 世纪 80 年代和 90 年代初期并不需要大量的外部融资来维持经济高速增长。然而，东南亚地产和房地产行业的投资热潮使该地区在 20 世纪 90 年代中期变得更加依赖外资。泰国和马来西亚的投资热潮尤其明显,其投资率高于国内生产总值(GDP)的 40%(见表 8.1)。由于韩国财阀的大幅扩张,韩国也经历了投资热潮。

表 8.1 区域固定投资占 GDP 的比重 　　　　　　　　单位:%

时间	1977—1986 年	1987—1996 年	1993—1996 年
亚洲新兴地区	25.4	29.3	31.5
不包括中国	25.4	28.3	30.8
中国	25.5ᵃ	30.5	33.2
中国香港	29.1	28.2	31.1
印度	20.4	22.1	21.8
印度尼西亚	21.6	26.6	28.5
马来西亚	32.4	35.2	42.6
菲律宾	23.1	21.1	23.2
新加坡	38.7	33.9	36.3
韩国	27.6	35.1	37.2
中国台湾	21.9	22.3	23.9
泰国	27.4	37.9	41.6

资料来源:JP Morgan。
注:a 为 1979—1986 年。

投资热潮导致四个东盟成员国(印度尼西亚、马来西亚、菲律宾和泰国)和韩国的经常账户失衡大幅增加。1996 年,这些国家的经常账户赤字合计达到 550 亿美元,占国内生产总值的比例超过了 5%。这也意味着 4 年中赤字翻了两倍。与此同时,私人资本净流入稳步增加。

投资激增的资金主要来自该地区的商业银行和金融公司。这些机构从国际银行借入以日元或美元计价的贷款为自己融资,而这些国际银行也急于扩大风险敞口。在 1994—1995 年墨西哥比索危机期间贷款利差飙升的情况下更是如此(见图 8.1)。表 8.1 中借款人(不包括中国和中国香港)的银行借款额从 1994 年的 330 亿美元猛增到 1996 年的 810 亿美元。特别是,由于日本经济尚未从 20 世纪 80 年代的泡沫破裂中复苏,日本跨国公司把东南亚视为建立业务的理想之地,东南亚经济体从日本银行获得了快速的融资。

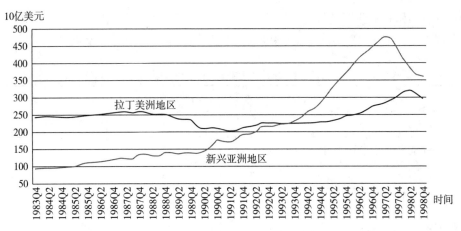

图 8.1　按地区划分的银行风险
（资料来源：BIS）

虽然情况看起来比较稳定，但一些潜在问题的信号还是在 20 世纪 90 年代中期显现出来。亚洲股市在 1993 年翻了一番之后就落后于全球其他股市，之后外国股市的买盘也变得温和起来。1997 年初，当出口增长放缓时，国际银行也变得谨慎起来，新增信贷仅限于短期贷款。随着房地产热潮开始回落，报纸和杂志文章纷纷撰文质疑亚洲奇迹是否即将结束，但很难判断这次的经济放缓是周期性的还是结构性的。

危机的爆发

东南亚危机始于 1997 年 7 月 2 日的泰铢贬值。因为投资者认为贬值会提高国家的竞争力并减少外部赤字，泰国的金融市场在危机开始时受舆论影响还出现了反弹。然而，不久就有报道称泰国储备已经枯竭，泰国银行和金融公司也面临着越来越多的问题贷款和不断上涨的债务偿还成本。

不久之后，泰国就面临两难的局面：国家需要维持高利率来弥补投资者的货币风险；与此同时，高利率有可能破坏泰国脆弱的金融体系并造成国内债务问题。为了摆脱困境，决策者需要采取措施来提高投资者的信心。但是，泰国政府太软弱，不能果断采取行动，而国际货币基金组织的稳定措施力度又不够。此外，美国也不愿意给泰国提供援助（就像 1995 年对墨西哥所做的那样）。由于没有任何理由相信局势会稳定，投资者开始从泰国撤资。

到了 9 月，拥有大量外部借款的其他东盟成员国也出现了类似的一系列事件：虽然各自的金融市场状况与泰国不同，马来西亚、印度尼西亚和菲律宾却与泰国一样相继被迫放弃本币对美元的挂钩。在印度尼西亚，对苏哈托总统支持率的迅速下降以及国际货币基金组织稳定计划的不顺引起了银行恐慌。在马来西亚，由于政府将问题归咎于外国投机者，拒绝了国际货币基金组织的援助并最终实行资本管制，投资者减少了投资仓位。这些事件的累积效应使投资者信心大幅下降。

危机蔓延

这些事件对全球金融市场的影响最初来自东南亚的小规模经济体，它们仅占世界 GDP 的 3%~4%。然而，随着危机蔓延到北亚，对危机的看法在 1997 年秋季有了显著的变化，韩国、中国香港、中国、中国台湾和日本的金融市场陆续被卷入危机。这些经济体的发展规模不容小觑——总共代表了全球 1/4 的产出。除韩国以外，北亚的外部条件也与东盟邻国大不相同，如 1997 年日本、中国香港、中国和中国台湾的经常账户顺差合计达 1 300 亿美元。然而，它们的货币和金融市场依然承受着巨大的压力（见表 8.2）。

表 8.2　太平洋沿岸经济体（Pacific Rim Economies）的财务指标

项目	美元汇率（1997 年 6 月设为基准 100）		年利率（%）		股价（1996 年 12 月设为基准 100）	
时间	1997.06	1998.01	1997.06	1998.01	1997.06	1998.01
北亚经济体						
中国	100	100	10.1	8.6	109	71
中国香港	100	100	6.2	14.3	113	64
韩国	100	55	11.5	23.0	115	77
中国台湾	100	82	11.5	7.7	130	112
东盟经济体						
印度尼西亚	100	28	14.1	31.8	114	61
马来西亚	100	58	7.4	9.4	86	42
菲律宾	100	63	10.8	20.1	82	54
新加坡	100	81	3.6	5.6	89	55
泰国	100	47	20.0	26.0	64	44

资料来源：JP Morgan。

北亚面临的货币压力在一定程度上反映了其与东南亚相比竞争力的下降。例如，尽管经常账户盈余和外汇储备巨大，中国台湾仍允许其货币贬值。这种情况引发了人们猜测，中国香港当局是否会效仿中国台湾并放弃对美元的联系汇率制。随着利率上调，中国香港房地产价格暴跌，高估的红筹股也开始下跌。

更令人不安的是人们日益认识到日本正在走向衰退，这将加剧在亚洲蔓延的通货紧缩力量。作为亚洲最大的经济体，日本经济复苏对于恢复整个地区的出口增长至关重要。然而，日本经济在 1997 年上半年表现疲软，下半年才开始受到东南亚危机的影响。到 1997 年底，很明显亚洲正经历着二战后最严重的危机。

1998 年，危机蔓延到亚洲以外的地区。首先蔓延到拉丁美洲，这时阿根廷和巴西正面临货币压力。后来危机蔓延到俄罗斯，俄罗斯卢布被迫贬值，8 月一些政府债务还出现了违约。到 9 月，美国金融市场受到冲击，该国一家知名的对冲基金长期资本管理公司（Long Term Capital Management，LTCM）亟待救助。这一事件惊动了美联储，于是美联储连续三次将联邦基金利率降低 25 个基点。市场对前两次的降息没有反应，直到第三次美联储才通过降息的方式扭转了市场情绪。此后，美国和世界金融市场持续强劲反弹至 2000 年初。

国际资本流动的作用

在这一波货币贬值引发的动荡中，国际投资者扮演的角色引起了相当大的争议，马来西亚总理将问题归咎于他们并因此采取了资本管制措施。摩根大通经济学家编制的数据（见表 8.3）表明，亚洲新兴地区八个国家和地区资本流动的主要变化来源于国际银行资本流动，而不是证券交易：

净银行贷款从 1996 年 810 亿美元（占国内生产总值的 3.2%）的流入降至 1998 年 840 亿美元的流出。

净权益资本流量（股票交易加外国直接投资）从 1996 年的 650 亿美元减少到 1998 年的 400 亿美元。

非银行私人债权人（包括证券投资者和金融公司等）在这一时期风险头寸略微增加，与官方债权人（多边贷款机构、政府和出口信贷机构）情况类似。

表 8.3　八个亚洲新兴经济体的外部融资情况　单位：10 亿美元

年份	1994	1995	1996	1997	1998
净权益	54	58	65	52	40
净负债	51	88	111	56	−24
公共融资	17	9	4	29	28
私人融资	34	79	107	28	−52
非银贷款	1	14	26	25	32
银行贷款	33	65	81	3	−84
中长期贷款	35	43	63	95	29
短期贷款	16	45	48	−39	−53

资料来源：JP Morgan。

这些调查结果表明，对证券交易实施控制可能并不合理：它们并不是危机期间外债累积的根源，毕竟新兴亚洲经济体的债券市场相对较小且流动性较低。此外，20世纪90年代中期亚洲股市的国际购买并不多，危机期间任何抛售比起银行资金的大规模流动都微不足道。实际上，大多数亚洲经济体并没有效仿马来西亚实行资本管制。它们认为资本管制是无效的，而且一旦条件得到改善，实施资本管制将难以重新吸引外资。如果由于国际银行资金流动的波动加剧了该地区的危机问题，那么决策者设法抑制波动的做法是可以理解的。

尽管官方和私营机构曾多次尝试制定预警系统，但考虑到发展中国家在70年代、80年代、90年代反复遇到这些问题，抑制波动的目标能否实现仍值得怀疑。我认为这些系统不会起作用，一定程度上因为关键信息的丢失或不准确，而且在不同国家和地区中，问题的性质也是不同的。事实上，由于亚洲的外债相对较低，拉美的许多外债指标无法为新兴亚洲经济体预警。

相反，亚洲问题的根源在房地产市场和国内金融机构，这才是引发资产泡沫的关键。在这种情况下，一些观察人士认为，国际货币基金组织提出的通过收紧货币政策遏制货币攻击的建议是适得其反的，因为利率上升会加剧国内债务问题，并产生大量的问题贷款（见图8.2）。另外，由于决策者无法说服投资者危机可以稳定下来，货币贬值远远超过了保持竞争力所需的程度，利率差距不断扩大。这反过来又给借入外币的银行和其他机构带来了额外的问题。

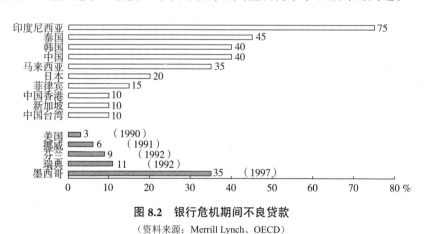

图8.2 银行危机期间不良贷款

（资料来源：Merrill Lynch、OECD）

从危机中复苏

危机过后，亚洲新兴经济体的外部平衡转变为有一定规模的顺差状态。这是由于东盟成员国在 20 世纪 90 年代中期激增的投资率回落至原先的水平，进口需求相应减少。同时，本地区各国货币贬值拉动了出口，推动了该地区的经济增长，因而在竞争中取得显著优势。最终的结果是，亚洲新兴市场的经常账户余额总计变动了 2 200 亿美元，从 1996 年 400 亿美元的赤字，到 2004 年 1 800 亿美元的盈余。

这一变动额占同期美国经常项目赤字增长的 40%（见表 8.4）。当时，日本经常账户顺差已经超过 1 700 亿美元，亚太地区共有 3 250 亿美元左右的顺差。

与此同时，该地区外汇储备增加得更多。包括日本在内，亚洲的央行在 1997 年至 2004 年的外汇储备增加了 1.7 万亿美元，占同期全球外汇储备增量（2.2 万亿美元）的 80%。在亚洲新兴经济体中，中国积累了最多的外汇储备，增幅超过 5 000 亿美元。

时任美联储主席的本·伯南克在 2005 年提交的一份报告中认为，美国创纪录的经常账户赤字（赤字占 2005 年国内生产总值的 6%）能够以有利条件得到融资是因为"全球储蓄过剩"（Global Saving Glut）。[1] 他把该地区各国官方储备的增长与保护本国免于资本外流的意愿联系起来。由于大多数亚洲经济体都将其货币正式或非正式地与美元挂钩，因此大部分的储备积累都可以等同于购买美国债券。

表 8.4　全球经常账户头寸　　　　　　　　单位：10 亿美元

时间	1996 年	2004 年	变动差额
美国	−120	−666	−546
欧元区	78	53	−25
日本	66	172	106
发展中国家	−90	326	416
拉丁美洲	−39	8	47
中东和非洲	1	74	116
亚洲	−41	180	221
中国	7	56	49

资料来源：前美联储主席本·伯南克于 2005 年 4 月 14 日的评论："全球储蓄过剩和美国经常账户赤字"。

美国—亚洲关系可持续吗？

由于美国能从外国央行购买美国债务中获益，当时大多数的经济学家并不认为大额经常账户失衡会持续下去。首先，没有其他工业国家能够维持经常账户赤字占到国内生产总值6%的状态，因为这意味着债务的增长要比经济增长快得多。其次，如果央行无法消除（或抵消）对国内货币供应的冲击，那么美元储备的迅速积累可能导致亚太地区的通货膨胀率上升。最后，亚洲各国央行如果允许其货币兑美元升值，就会面临巨额外汇损失的风险。

然而，修订的"布雷顿森林体系Ⅱ"（Revised Bretton Woods Ⅱ System, BWⅡ）的支持者认为，亚洲国家将其货币与美元挂钩会带来好处，并且实际上它们已经重启了新的固定汇率制度。[2]他们争论的焦点在于，亚洲新兴经济体在国际货币体系中形成了与20世纪50年代欧洲和日本的角色相似的外围集体。提出"布雷顿森林体系Ⅱ"的人认为，这种安排是稳定的，并且是可以维持下去的。

然而，这样的乐观主义并没有得到某些杰出人士的认同。保罗·沃尔克（Paul Volcker）、罗伯特·鲁宾（Robert Rubin）、乔治·索罗斯（George Soros）和沃伦·巴菲特（Warren Buffett）等认为，这种失衡是不可持续的，并且充满风险。[3]2002年，巴菲特第一次开始做空美元。2005年，努里尔·鲁比尼（Nouriel Roubini）和布拉德·塞瑟（Brad Setser）警告说，2005年至2006年，对失衡的争议可能导致经济"硬着陆"。[4]（虽然有些评论员后来声称他们预见了2008年的危机，但他们的论点是基于外部收支失衡是不可持续的，而不是基于国内金融体系的安全性和稳健性存在问题。）

至少到目前为止，这个可怕的结果还没有表现出来，部分原因是某些因素的存在可以减轻美元面临全面危机的风险。其中一个因素是亚洲央行一直希望将其货币与美元挂钩。一些观察人士认为，一些亚洲经济体维持与美元汇率联系的主要动机是重商主义，即通过维持低估的汇率来促进出口。然而，值得注意的是，这些经济体在20世纪90年代后半期美元坚挺时也试图钉住美元。

第二个缓解因素是过去20年中美联储在战胜通胀中获得了国际信誉。美联储维持美国通胀水平的承诺对维持投资者对美元的信心至关重要。相反的例子是，在20世纪70年代初布雷顿森林体系崩溃之前，美国通货膨胀率上升，此时欧洲央行积累了大量美元储备。外汇储备的增加最终导致了欧洲通货膨胀率上升，并使欧洲人认为美国不是一个稳定的储备中心。

我的观点是：由于没有其他货币可以替代美元，亚洲经济体继续保持本币与美元的联系是很自然的。虽然这限制了各国推行完全独立的货币政策的能力，但它们也从与美元挂钩中获得了可观的收益，特别是在其国内金融体系不发达的时候。

具有讽刺意味的是，今天投资者面临的最大挑战之一与 21 世纪初决策者们担心的情况完全相反：即由于美联储打算收紧货币政策，美元兑大多数货币大幅走强。有观点认为，此举已促使中国当局重新评估汇率政策，人民币兑美元贬值。

透视亚洲金融危机

亚洲金融危机值得投资者重视。首先，它说明了一个看似微不足道的危机（如泰铢贬值）可能波及东南亚的邻近经济体，然后蔓延到北亚和拉美，并最终在俄罗斯债务违约时影响美国金融市场。当时没有人预料到，也不可能预料到这样的连锁事件。此外，同样的现象在始于 2010 年的欧债危机中也上演了，希腊这样一个小国的问题最终威胁到整个欧元区的生存。

除了危机蔓延之外，亚洲危机值得关注的第二个原因是，它标志着新兴经济体面临的新型危机。鲁迪格·多恩布什（Rudiger Dornbusch）在 2001 年撰写的一篇文章中，将以经济萧条的经济体经常账户失衡为代表的"旧式危机"（或"慢动作危机"）与以金融开放经济体的资产负债表式危机为代表的"新型"危机区分开来。[5] 两者主要的区别在于，新型危机"涉及对一国汇率和经济体系重要部分（无论私人或公共的）的资产负债表可信度的怀疑"，且资本账户对危机起到推波助澜的作用。原文如下：

> "新型危机的核心是资产负债表和资本外逃。资产负债表问题当然与错配有着根本的联系。即使有偿付能力，也会因流动性问题而变得脆弱。在不匹配的情况下，汇率贬值以不稳定的方式展开，增强了破产的预期，从而增加了资本外逃的紧迫性。"[6]

其中一个含义是，"新型"危机比"旧式"危机更为复杂。"旧式"危机与过度消费和货币实际升值的情况（由于高通货膨胀和维持固定汇率）有关。因此，"旧式"危机的标准政策解决方案是将较高的利率和货币贬值相结合来降低实际工资，但在资本市场开放和金融机构存在资产负债不匹配的时候，这种政策可能会破坏金融市场的稳定性。鲁迪格·多恩布什指出，试图预测"新型"危机本质上要比预测那些存在货币高估和经常账户大幅赤字的危机更难，因为净资本流入填补了不良资产负债表的黑洞，并且还缺乏透明度。同时，他指出了"压死骆驼的稻草"：

"一个相对较小的事件可能会打乱一个不确定的再融资计划，或者在世界某个地方产生的怀疑可能会导致世界另一个地方的投资者着急上火。"[7]

最后，多恩布什从这些情况中确定了两个关键问题。一是由于资产负债表不匹配问题导致的巨大在险价值（Value at Risk）。二是政府在发生危机时推出维稳计划需要经受一段时间的考验。在这方面，亚洲危机既有货币危机也有资产泡沫的特征。

结论

问题诊断

亚洲危机产生于东南亚国家广泛借用国外融资造就商业地产繁荣之时。从泰铢的贬值开始，货币压力在整个地区迅速蔓延，北亚、拉美和俄罗斯先后被卷入危机中。这是 20 世纪 80 年代初发展中国家债务危机以来首个蔓延至全球的危机。它也引发了决策者对于如何应对高度波动的国际资本的思考。

政策响应

亚洲官员最初以传统的流行方式来应对本国货币的攻击，即通过提高利率和从国际货币基金组织借款。然而，这一做法事与愿违，它引发了该地区银行的融资问题，信贷紧缩和利率上升又导致国内资产价值暴跌。当其货币贬值创下新纪录的时候，以美元或日元计价的债务成本大幅提高，情况变得更加复杂。最终，亚洲决策者认为，应对这种波动最好的办法是减少对外国资本的依赖，积极增加外汇储备。

市场反应

投资者通过不加区别地抛售亚洲货币来应对危机，造成了二战后该地区最严重的金融危机。银行则通过减少对该地区的贷款作为回应。

投资组合配置

亚洲金融危机发生在我担任摩根私人银行首席投资策略师的时候，我推荐投资者在东盟地区买股票，这是我职业生涯中最糟糕的一次建议。我误诊了东南亚地区的状况，主要是因为我在整个职业生涯中一直看好该地区，并认为该地区股市表现不佳为买入机会。特别是，我没有意识到该区域商业地产通过国际借贷融资的程度。如果我意识到这一点，我就能预料到东南亚货币贬值将对北亚和世界其他地区的货币造成压力。[8] 从这个角度来看，这是从错误中学习的典型例子。

注释

[1] Governor Ben S. Bernanke, "The Global Saving Glut and the US Current Account Deficit," April 14, 2005.

[2] Michael P. Dooley, David Folkerts-Landau, Peter Garber, "An Essay on the Revised Bretton Woods System." NBER Working Paper 9971, September 2003.

[3] Paul A. Voicker, "An Economy on Thin Ice," *Washington Post*, April 10, 2005.

[4] Nouriel Roubini and Brad Setser, "Will the Breetton Woods 2 Regime Unravel Soon? The risk of a Hard Landing in 2005–2006," First Draft, February 2005.

[5] Rudiger Dornbusch, "A Primer on Emerging Market Crises," NBER Working Paper 8326, June 2001.

[6] 同上，p. 2。

[7] 同上，p. 6。

[8] 1997 年 11 月，我与路易斯·鲁凯瑟（Louis Rukeyser）一起出现在《华尔街周刊》（*Wall Street Week*）上时就提出了这一评估。

第九章

技术泡沫：给理性投资者的一些教训

经历了几年的低迷之后，美国经济和股市在 20 世纪 90 年代后半期迎来重大转折。随着计算机技术的进步和互联网的广泛应用，生产力增长开始恢复。媒体评论人士认为这是一个新时代的开始。在这个时代里，以制造业为基础的"旧经济"将被以科技为导向的新经济取代。在企业强劲利润的支持下，美国股市开始快速上涨。到 20世纪 90 年代末，市场的涨幅远远超过了盈利的增长速度，以市盈率衡量的科技股价值攀升至历史最高水平。

在这一阶段，那些认为股市被有效定价的人和那些认为定价不合理的人之间进行了广泛的争论。美联储主席艾伦·格林斯潘（Alan Greenspan）最初支持怀疑论者。然而，他随后修正了立场并认为美联储的作用不是为了预测泡沫，而是在泡沫破裂后为金融市场提供充足的流动性。在 2000—2002 年经济疲软、股市暴跌 50% 的时候，美联储的确这样做了。尽管这些行动有助于遏制市场下滑对经济的影响，但美联储批评人士认为，这一政策反而助长了美国房价泡沫。

当时盛行的状态是投资者集体被卷入了"科技狂潮"，耶鲁大学的罗伯特·希勒（Robert Shiller）教授在其《非理性繁荣》（*Irrational Exuberance*）（2000）一书中将其归因于人类的心理和媒体的有偏报道。我的看法是，希勒的解释可能适用于迷恋市场上升的散户投资者以及动量趋势投资者。然而，这并不能说明问题的全貌，因为它忽视了一大群投资者，他们通过卖空科技股或投资于不受欢迎的价值型股票来扭转这一趋势。这些投资者遇到的问题是，技术浪潮过于强大且持续时间太长，他们难以将资产留在自己的主动管理之下，即这些人所面临的挑战是，应该坚守投资纪律，还是认输投降，持有柜子基金（Closet Indexers）。

"新时代"思维的背景

从二战后到 20 世纪 90 年代中期，美国的实际经济增长平均每年约有 3.5%，这一时期又可以划分为两个不同的阶段。第一阶段是 1948—1973 年的战后复苏期，其中实际国内生产总值（GDP）平均每年增长 4%，同时，劳动生产率每年增长近 3%。第二阶段是第一次石油危机之后到 20 世纪 90 年代中期，经济增长速度放缓至 3%，劳动生产率的增长率下降了一半，降至 1.5%。

就在经济似乎已经处于稳定的轨道上时，美国经济增长在 20 世纪 90 年代后半期突然加速到 4%，与战后恢复时期的速度相当。考虑到 90 年代初令人失望的经济表现，当时大多数观察人士都对这个速度表示惊叹。柏林墙的倒塌以及随后的苏联解体创造了乐观的环境，人们认为与国防开支需求减少相关的"和平红利"（Peace Dividend）将推动美国经济的发展。然而，当伊拉克 1990 年夏天入侵科威特时，由于对结果的不确定性，油价飙升，经济陷入衰退。虽然经济衰退是短暂的，但美国在 1991—1992 年经历了无就业增长的复苏，直到 1993 年才恢复了增长势头。随着美联储大力收紧货币政策以遏制通胀压力，长期债券收益率飙升至 8%。以上情况导致了美国经济在 1995 年初的不稳定状态。

然而，在上述现象的背后，计算机技术的进步为美国生产力的增长奠定了基础。这些计算机技术包括开发更小更快的微处理器、研发高级软件和光纤网络。这些技术又反过来推广了互联网的使用。20 世纪 90 年代，高科技设备和软件的实际投资增长速度加快，并且在后半期平均每年增长近 24%[1]（见表 9.1）。到 90 年代末，信息处理设备和软件的投资超过了 GDP 的 3%，而在 20 世纪 90 年代初期这一投资比率仅有 1%。与此同时，商业设备和软件支出从 90 年代初占 GDP 的 7% 上升到 90 年代末的 10%。[2]

表 9.1 IT 行业实际投资和设备价格的变化（年均变化）　　　单位：%

时间	1990—1995 年	1995—2000 年	2000—2003 年
实际投资			
IT	17.2	23.8	3.9
软件	12.6	19.1	1.8
计算机	33.2	35.6	18.3

续表

时间	1990—1995 年	1995—2000 年	2000—2003 年
非 IT 行业	4.8	4.4	−2.7
价格变化			
IT	−6.2	−7.8	−4.8
软件	−2.7	−0.5	−0.9
计算机	−14.8	−21.0	−14.3
非 IT 行业	1.9	0.4	1.3

资料来源：美国经济分析局（BEA）、旧金山联邦储备银行。

根据旧金山联邦储备银行马克·多姆斯（Mark Doms）的研究，20 世纪 90 年代后期信息技术投资的增长大部分是由 IT 产品价格下跌导致的，这使得终端用户更加使用得起这些设备。[3] 但是，多姆斯也发现 1999 年和 2000 年的 IT 投资远高于他的计量经济模型的预测。他认为 IT 投资增长率高的另一个原因是增长预期特别高，特别是在经济的两个行业——电信服务行业和互联网行业。

这一时期的投资热潮被普遍认为是推动 90 年代后半期劳动生产率年增长率达到 2.5% 的关键因素。随着潜在生产力的提高，不仅经济增长速度加快，失业率下降，而且通货膨胀率也在下降。这一时期的实际经济增长率达 4%~5%，失业率从 1994 年的 6% 下降到 90 年代末的 4%，核心通货膨胀率从 3% 下降到 2%。因为这 10 年间油价暴跌且跌至每桶 10 美元的低点，以消费者价格指数衡量的总体通货膨胀率甚至更低。

没有通胀压力意味着美联储不会被迫提高利率来放缓经济。实际上，它曾两次放宽货币政策，一次是在 1995 年上半年墨西哥比索危机期间，另一次是在 1998 年 9 月对冲基金长期资本管理公司（LTCM）崩溃的动荡期间。直到危机次年美联储才重新实行紧缩政策。

1995—1998 年的股市大涨

在这样的背景下，股市从 1995 年中期开始维持了 5 年的高涨期。在前 3 年中，标准普尔 500（S&P 500）综合指数和纳斯达克（NASDAQ）综合指数的价值都翻了一番。再经过两年，到 2000 年 3 月，标准普尔 500 指数再次上涨了 50%，此时的市值大约比 1995 年初高 3 倍。同时，纳斯达克指数则上涨了 2.5 倍，在 5 000 高点的市值比 1995 年初的水平高 5 倍左右。

随着股市的上涨，认为估值过高并且市场被错误定价的人士与认为市场反应合理的人士之间进行了广泛的争论。前者的主要支持者是罗伯特·希勒（Robert Shiller）教授，他认为投资者陷入狂热，市场估值处于极端水平。他的《非理性繁荣》一书直接挑战了有效市场的支持者，这些支持者认为估值反映了当时投资者的所有可用信息。希勒对非理性繁荣的定义如下：

> "非理性繁荣是投机泡沫的心理基础。我把投机泡沫定义为：价格上涨的消息刺激了投资者的热情，这种情绪通过心理的传染效应在人与人之间蔓延，在这个过程中逐步放大了价格将上涨这样的传言。"[4]

争论集中在用于确定股票市场估值是否过高、过低或合适的指标上。希勒开发的指标使用了 10 年滚动的周期性调整的市盈率（Cyclically Adjusted Price-earnings，CAPE）。这种方法可以为评估一个完整经济周期的正常收益提供基础。它表明 1997 年的市场价值已经高于长期平均水平一个标准差，而到了 2000 年 3 月，它已经高出了数个标准差（希勒的重点是以标准普尔 500 指数来衡量大盘估值，我后来发现，在市场高峰时期，成长股的估值比价值股高两倍多）。

反对者的观点是，希勒的衡量指标基于的是滞后收益，没有考虑到技术变革对未来盈利前景的影响。在 1995—1997 年这段时间内，企业利润的增长超过了华尔街分析师和战略师每年的估计，这种观点取得了一定的可信度。然而，1998 年以后，国民收入账户的公司利润数据（显示经济放缓）和公司向股东报告的公司利润数据（显示利润持续快速增长）之间存在显著差异。

另一个推动估值上调的理由是通货膨胀和利率都下降到低水平，因而更高的市盈率（P/E）有其合理性。通过比较股市收益率（市盈率的倒数）和 10 年期国债收益率（见图 9.1），美联储用来评估股票市场的模型增加了这个观点的可信度。使用这个度量标准，1995—1997 年股票市场似乎没有显著的错误估值。到 1997 年，标准普尔 500 指数的市盈率倍数为年盈利预测水平的 16 倍，仅略高于 14~15 倍的历史正常水平。

在这场争议中，主要股票指数在 1998 年 8 月至 9 月稳步上涨，没有出现重大调整。在亚洲金融危机初期，美国投资者也认为危机与其关联不大。然而，当危机蔓延到俄罗斯，并导致了大规模的资本外流后，美国投资者的认知发生了变化。随着俄罗斯持有的外汇储备减少，俄罗斯卢布暴跌，俄罗斯国债被抛售。俄罗斯部分债务发生违约后，随之而来的是风险资产在全球范围内的抛售，而美国国债和美元在这一时间被集体买入。

图 9.1 美联储模型：S&P 500 指数收益率与 10 年期国债收益率对比

（资料来源：美联储、Robert Shiller）

当有传言称美国知名对冲基金长期资本管理公司（LTCM）陷入困境、处于濒临崩溃的时候，标准普尔 500 指数和纳斯达克综合指数发生暴跌。这一情况引发了投资者担忧，如果抛售继续并影响到其他金融机构，美国经济将面临风险。随后，联邦救援机构采取措施，通过降低联邦基金利率来提高投资者的信心。前两次各削减了 25 个基点，但是对稳定金融市场影响不大。然而，当美联储再次下调联邦基金利率时，投资者对此举表示热烈欢迎，并重新买入股票和其他风险资产。

与此同时，市场的反应让很多投资者感到困惑和混乱：为什么第三次降息有这么大魅力，前两次降息却都没有改变预期？当时对这个问题没有明确的答案。然而，许多投资者认为这是所谓的"格林斯潘对策"（The Greenspan Put）的另一个例子，即美联储在股票市场出现大幅抛售时便会实行宽松政策。那些赞同这一观点的人增加了他们的风险头寸，并且放心地认为如果情况恶化，美联储将会为此埋单。

疯狂的市场：1998 年 10 月—2000 年 3 月

接下来 18 个月的走势让前 3 年的市场走势显得平淡。标准普尔 500 指数从 1998 年 10 月到 2000 年 3 月的高点位置上涨了约 50%，而纳斯达克综合指数上涨超过 270%，达到 5 000 点的高峰。

在此期间，投资者的乐观主义受到与千禧年之交有关的技术产业发展（"千年虫"）的助燃。"千年虫"是指，当公元 2000 年 1 月 1 日到来时，电脑系统无法自动辨识 00/01/01 究竟代表 1900 年的 1 月 1 日，还是 2000 年的 1 月 1 日，所以企业需要更换 2000 年 1 月 1 日会出问题的软件系统。相较于花费大量资金修复现有系统，许多企业推出资本支出计划以开发和购买新的高级系统。加速软件投资计划涉及相关的硬件支出，并促成了整体业务投资的激增。然而，许多投资者犯下的错误是以为未来 10 年还有持续强劲的投资需求。

随着美国经济在 1999 年重新加速，经济学家和华尔街分析师修正了他们对经济和企业利润的预测。事实上，在 2000 年 3 月股市高点时，华尔街分析师预测标准普尔 500 公司的盈利将以每年 14% 的年复合增长率长期增长（见图 9.2）。这个速度比名义经济增长率快 3 倍。标准普尔 500 指数的市盈率攀升至年盈利预测值的 24 倍，这个水平几乎是历史正常水平的两倍（对于纳斯达克股票，估值水平远高于标准普尔 500 指数水平）。泡沫破裂后，分析师随后将盈利预测稳步下调，目前他们预计长期盈利将以较大的个位数增长。

图 9.2 美国股市估值：不切实际的盈利预期

（资料来源：瑞士信贷）

评论员们进一步证实了股市的持续暴涨，他们认为股票风险溢价（或股票超过债券的超额回报）太高。在一本名为《道琼斯 36 000：股市上涨获利新策略》（*Dow 36 000：The New Strategy for Profiting from the Coming Rise in the Stock Market*）的书中，美国企业研究所的两名研究人员詹姆斯·格拉斯曼（James K. Glassman）和凯文·哈西特（Kevin Hassett）认为，考虑到股票回报在相当长的时间内持续高于债券，且市场波动的影响也会随着投资期限的延长而减弱，股票相对于债券约 6% 的历史风险溢价太高了。[5] 他们的论点是，只要投资者有 20 年以上的长期投资心态，他们就可以有把握地相信投资股票能够轻易地战胜债券。因此，随着股权风险溢价的减少，格拉斯曼和哈西特仍然认为股市可能继续上涨，直到道琼斯指数涨到 36 000 点时，股票的风险溢价才会降为零（原注：他们观点的缺陷是，投资者可能会认为自身有一个长期的定位，但当股票出现明显抛售时，投资者会变得短视并夺门而逃）。

到 1999 年中期，美联储注意到经济的强度，并开始收紧货币政策。然而，即使利率上升，投资者也能找到购买股票的理由，尤其是科技、电信和媒体（TMT）领域的股票。有一种观点认为，美联储在千禧年开始之前为银行体系提供超额储备的举措意味着注入的流动性必须找到一个落脚点，最可能的地方就是在股市。这种说法的错误之处在于银行的储备只是为了防范"千年虫"的干扰，而不是为了支持新的贷款。尽管如此，许多投资者没有把握住这个区别。

到 1999 年底，市场正在经历一场疯狂的购买狂潮。其中一个例子就是美林证券（Merrill Lynch）发布了一份关于高通公司（Qualcomm）的研究报告，鼓吹其价值将在未来 5 年内翻三番。而在接下来的 3 个月内，高通的股价就翻了一番！与此同时，华尔街分析师发布报告，推荐了一些没有什么盈利的网络公司，并根据网站的"点击率"制定了评估公司价值的新指标。个人投资者通过互联网交易其投资组合的能力也催生了"日内交易者"（Day Traders）的现象，这些投资者非常积极主动地在管理着自己的头寸。[6]

市场崩溃的确立

2000 年初，"千年虫"危机并没有发生，积极的情绪得以延续。然而，到 1999 年下半年，当进入超级增长的经济出现缓和迹象时，股市开始出现疑虑。在接下来的 3 年中，股市出现了自 20 世纪 30 年代以来的最大跌幅。

抛售发生在三个不同的阶段。第一阶段始于 2000 年 3 月，当时网络概念股开始暴跌。考虑到之前价格的大幅上涨，投资者并没把下跌当回事。然而在 2000 年晚些时候，当网络路由器的主要供应商思科公司（Cisco）突然宣布收入增长减缓时，网络空间板块也开始减弱。这一发展使投资者质疑技术公司的商业投资热潮是否已经结束。到年底，纳斯达克综合指数下跌了 50% 左右，而标准普尔 500 指数下跌了近 20%。

第二阶段的股票抛售发生在 2001 年，其讯号是美国经济因商业资本支出转为负值摇摇欲坠。而令人震惊的"9·11"事件，使美国陷入停滞。消费者在不确定性加剧的情况下削减开支，经济陷入轻微衰退阶段。截至 9 月中旬，纳斯达克指数已经从 2000 年 3 月的高点下跌近 70%，而标准普尔 500 指数则下跌了 32%。

第三阶段发生在 2002 年，股市的再次震动导致投资者对股市失去信心。关键事件之一是一系列的会计丑闻，例如安然（Enron）和阿瑟·安德森（Arthur Anderson）等知名企业的陨落。这些情况让投资者们疑惑，到底公众上市公司可以在多大程度上操纵利润以提振股价。在这些问题的质疑之下，股市的抛售量不断扩大，之前还能抵御抛售的价值型公司的股价也开始下跌。

接下来，美国是否会因涉嫌大规模杀伤性武器而与伊拉克发生冲突的问题也进一步增加了投资者的疑虑。这种情况一直持续到 2003 年 3 月，美军入侵伊拉克并推翻了萨达姆·侯赛因（Sadaam Hussein）政府为止。尘埃落定后，有迹象显示美国经济正在复苏，股市从低点反弹，而美联储则继续维持着低利率状态。

美联储的政策响应

在股市暴跌之前，美联储将联邦基金利率从 1999 年年中的 4.75％提高到 2000 年年中 6.5％的峰值，以收紧货币政策。此后，美联储便以传统的方式应对随之而来的经济放缓，即以常规的幅度逐步降低基金利率。在"9·11"事件之后，美联储降息速度加快，到 2002 年，美国的基准利率已经下调至二战后才有过的 1％的低水平。这与格林斯潘主席在资产泡沫破裂之后为金融市场提供充足流动性的理念是一致的。由于没有大型金融机构面临破产，政策响应有助于控制危机。

尽管如此，美联储并没有完成所有的目标，因为经济未能大幅改善，而失业的局面令人不安。与此同时，通货膨胀已经低于美联储 2％的目标，部分观察人士开始担忧美国可能会像日本那样陷入通缩。然而，事实证明这些恐惧是毫无根据的，随着 2003 年经济复苏，经济衰退期间经济产出的下滑幅度不大，低于 GDP 的 1％。其中一个主要原因是金融体系没有受到科技股下跌的严重影响。

科技泡沫破灭后，美联储的举措得到了广泛的认可。不过，时任国际清算银行首席经济学家的威廉·怀特（William White）认为，货币当局在制定货币政策时需要考虑金融稳定的重要性。在 2003 年 8 月堪萨斯城联邦储备委员会杰克逊霍尔讨论会（Kansas City Federal Reserve Symposium in Jackson Hole）之前的一次演讲中，怀特敦促各国央行考虑低利率政策可能对资产泡沫产生的影响，他认为中央银行应该在资产价格快速上涨时逆风而上。[7]

然而，美联储和其他央行忽视了这些警告。2004 年美国经济获得生机，到 2005 年，经济显然恢复了势头，资产价格的上涨收回了 2000—2002 年的大部分损失。然而，信贷的大规模扩张也为房价空前上涨埋下了伏笔。

投资者的教训

在某种程度上，技术泡沫是资产泡沫形成以及发挥作用的典型案例。股票价格的初期上涨基本上是基于远高于预期的收益。由于计算机硬件和软件的技术变革导致了互联网的广泛应用，美国经济预期改善。这使得公司利润的增长超出了投资者的预期，也使估值有所提高。而股市在 1998 年第三季也因对金融危机传染的担忧经历了大幅回落。

此后，美联储为了稳定市场连续三次放松货币政策，而投资者集体忽略了估值中存在的问题，开启了买盘狂潮。在这个阶段，由于价格上涨带来进一步的上升，动量趋势投资成为优选。在这种情况下，散户投资者往往涌入回报最好的基金，希勒的《非理性繁荣》突出了媒体在提高投资者预期方面的作用。如图 9.3 所示，在 2000 年初的高峰时期，标准普尔 500 指数成长股的市盈率达到了 40 倍，是该指数价值型股票的两倍多。

图 9.3 S&P 500 指数成长股和价值股市盈率

（资料来源：Morningstar）

而在抛售阶段，动量投资的隐患显现出来，价值型投资重获追捧。从 2000年 3 月到 2001 年 9 月，价值型股票指数相对平缓，而纳斯达克指数则下降了70%。因此，在牛市期间落后于成长股的价值股在 21 世纪初显著跑赢大盘。

这就引出了一个根本性的问题，而这个问题正是有关市场效率争论的关键所在——为何这么多专业投资者陷入购买狂潮？他们的决定是基于华尔街分析师的乐观报告吗？但众所周知的是分析师被激励出售其公司承销的股票。抑或这些专业投资者迫于同业的竞争压力而被迫购买热门股票？

我认为后者的可能性比较大。首先，要认识到一些著名的价值投资者没有陷入狂热，并选择在其投资组合中持有更便宜的"旧经济"股票。此外，一些对冲基金经理试图做空一些价格飞涨的高科技公司，但最终因为亏损而不得不平仓。[8] 事实上，科技涨势的力量和持续时间促使朱利安·罗伯逊（Julian Robertson）和加里·布林森（Gary Brinson）等在内的成功基金经理退出了资管业务。另一家著名公司格兰瑟姆·梅奥·范·奥特卢有限公司（Grantham Mayo Van Otterloo & Co.，GMO）则坚持这一做法，最终遭遇市场泡沫。该公司在1997—2000 年遭受了 100 亿美元的净赎回。[9]

对于那些认为市场有效且指数仓位合适的投资者而言，应该认识到被动投资有助于放大超调。这类基金会自动增加最受欢迎的股票的权重。研究者杰里米·格兰瑟姆（Jeremy Grantham）注意到了这一趋势，并感叹：

"行业已经到了职业风险和商业风险主导投资过程的地步。你不能再用绝对风险管理你的资金。考虑到业绩低于基准的风险，基金经理们正在调整他们的投资组合，以追踪指数。结果，各类资产的套利机制大幅度减弱，市场效率低下。"[10]

这让人想起约翰·梅纳德·凯恩斯（John Maynard Keynes）的著名说法："世俗智慧教导我们，以常规的方式失败比以非常规的方式成功对声誉更为有利。"

改变对科技泡沫的看法

当我反思这段经历时，发现最值得关注的是我们对事态的看法如何随时间变化。当我在 1995 年初加入摩根大通私人银行时，我拥有债券和货币方面的专业知识，而不是股票电话营销的能力。因此，我的投资态度是谨慎的。我首先建议客户将股票市场回报预期设在接近 10% 的长期平均水平。当市场在未来 3 年大幅跑赢时，我不认为它被错误定价，因为企业利润远远超过预期。我将之称为"利润革命"（The Profits Revolution）。而美国企业已经具有这样持续的盈利能力。

但是，我对市场的看法在 1998 年发生改变，当时国民收入账户报告的企业利润呈下降的趋势。我认为美国政府基于个人所得税申报的统计数据比公司报告的预估值更可靠，而且如果这些公司伪造了统计数据，它们将会面临巨额的罚款。我也考虑了蔓延到世界各地的经济危机的影响，我认为它很可能最终蔓延到美国。

所以我在年中给客户打电话说牛市已经结束了，而长期资本管理公司

（LTCM）的失败导致市场出现的"弹坑"也使我看起来有先见之明。但是，随着9月美联储政策放松，市场逆转，我选择不阻碍趋势，在市场上保持"中立"。（注意：这是投资组合经理在不确定时要做的事情！我的策略是一直保持谨慎态度，直到市场逆转为止。那时我打电话说科技股已被高估，被忽视的市场领域有更好的价值。实践证明这是一个好的判断，因为价值型股票在未来3年远远超过成长型股票。）

2002年，市场屈服于安然（Enron）、阿瑟·安德森（Arthur Anderson）和其他公司的会计丑闻，投资者完全丧失了对市场的信心。我当时的观点是，市场抛售过度，需要催化剂来提供助燃。2003年初，美国入侵伊拉克并推翻了萨达姆·侯赛因（Sadaam Hussein）政府之后，阴云消散，股市就反弹了。

最后，我从这次的事件中学到的是，我们事先很难察觉泡沫，因为它们是在条件有利的情况下形成的，而且可以积累很长时间。因此，投资者进入势头强劲的市场是有风险的。在我看来，发生这种情况时最好及时止损，不要下大赌注，这样才有足够的钱利用动量最终反转的机会。这就要求投资者在市场不利的时候保持耐心，这是不容易的。

结论

问题诊断

在20世纪90年代后半期，投资者不得不根据"新经济"的前景或者由于非理性繁荣而产生的泡沫来决定科技股领涨的股市是否合理。从1995年到1997年，股市的初步上涨是基于公司利润好于预期。然而，1998年的利润增长放缓使美联储于1998年9月连续3次放松货币政策，此后真正的买入狂潮开始出现。另外，一些投资者误以为企业对与"千年虫"相关的技术支出预示了长期趋势。

政策响应

美联储主席格林斯潘讨论了股市在1996年底是否受到非理性繁荣的影响。然而，随后他放弃了对股市泡沫的支持，并声称一旦泡沫破裂，货币政策应着眼于缓解问题。这种立场促成了"道德风险"（Moral Hazard），因为投资者认为美联储在市场出现大幅抛售时愿意保护投资者的头寸。

市场反应

标准普尔500指数连续5年的年回报率超过20%，只在1998年夏季有一次显著的回落。在美联储收紧货币政策且公司（特别是科技型公司）利润增长低于预期后，泡沫破灭。而"9·11"事件导致市场进一步暴跌，2002年一系列的会计丑闻也导致了广泛的抛售。

投资组合配置

价值投资者在泡沫时期所面临的主要挑战是如何存活下来，毕竟抵制科技股涨势的投资组合经理表现不佳，资产损失惨重，有的甚至退出了资金管理业务。对于很多投资者来说，这个经验验证了凯恩斯的言论，即市场保持不合理的时间长于投资者的存活时间。

注释

[1] Mark Doms，"The Boom and Bust in Information Technology Investment," Federal Reserve Bank of San Francisco，2003.

[2] Alan Beckenstein，"The New Economy," Darden Business Publishing，October 7，2009.

[3] Doms，"The Boom and Bust in Information Technology Investment".

[4] Robert Shiller，*Irrational Exuberance*，Princeton University Press，2002，p.2.

[5] James K. Glassman and Kevin A. Hassett，*Dow 36 000: The New Strategy for Profiting from the Coming Rise in the Stock Market*，Times Business，1999.

[6] William White，BIS，"Wither Monetary and Financial Stability? The Implications of Evolving Policy Regimes," presented at Jackson Hole，Wyoming，August 28–30，2003.

[7] 基于行为金融学的一种解释是，套利是有限的。参见 Miguel Herschberg's article in *Palermo Business Review*，No. 7，2012。

[8] Andre F. Perold and Joshua N. Musher，Harvard Business School，"Grantham，Mayo，Van Otterloo & Co.，2001" March 18，2002.

[9] 同上。

[10] 同上，p.13。

国际金融危机：投资者无处可藏 | 第十章

Chapter Ten

国际金融危机和大萧条（Great Recession）是继 20 世纪 70 年代和 80 年代初的大通胀及持续到 2007 年的"大稳健时代"（the Great Moderation）之后，国际金融体系演变进入第三个阶段的里程碑事件。虽然在第二阶段金融动荡时有发生，七国集团（G7）政府需要进行周期性干预，但当时世界金融体系的基本形象是稳定健全的。

然而这一形象被 2008—2009 年国际金融危机期间爆发的事件粉碎。这场危机引发了战后最严重的经济衰退，几家知名金融机构也因此倒闭。决策者们采取了前所未有的行动来稳定金融市场、促进经济复苏，但全球经济增长率仍处于二战后最低水平。不仅如此，在欧元区危机之后，通货紧缩成为欧洲和日本亟待解决的问题。有专家认为，长期低增长低通胀的环境将会持续，并称为"新常态"(The New Normal)。

本章探讨了导致这一转变的原因。首先考察了美国房地产泡沫以及充裕的信贷和证券化在扩大美国和世界其他地区的低质量抵押贷款敞口方面发挥的作用。其次研究了该采取什么措施才能防止危机再次发生，并阐述了为什么加强金融机构监管不太可能减少未来资产泡沫或缓解金融市场动荡。

本章还重点介绍了投资者在应对危机时面临的主要挑战，如金融机构资产负债表头寸透明度的缺失使投资者难以看清金融体系的杠杆程度和相互关联性。一旦这些问题暴露，世界各地的资产价值将出现断崖式下跌。这样一来，投资组合多元化为投资者提供的保护微乎其微或根本不起作用。投资者面临的选择是应该坚持持有价值暴跌的金融资产头寸，还是出售这些风险资产，增加现金头寸、国债或黄金。在危机中，投资者学过的现代投资组合理论以及有效市场理论都无法给予他们帮助。

金融危机的根源：美国房产泡沫

现在国际金融危机的起因已经众所周知 [1]——通常可以追溯到 20 世纪 90 年代中期到 2006 年美国的房产市场泡沫。在这场泡沫中，全美名义房价上涨了一倍以上，经消费者物价指数（CPI）调整后的实际房价也上涨了 50% 以上（见图 10.1）。房价的上涨是不平衡的。在加利福尼亚、内华达、亚利桑那、佛罗里达和东海岸等地需求增长大于供给，房价上升最为显著；而在中西部地区土地供给较多，房价上升相对温和。

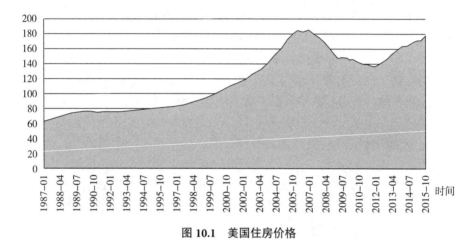

图 10.1　美国住房价格

（资料来源：全国房地产经纪人协会）

造成美国房价飙升的主要原因之一是人们普遍相信住房是一项不会贬值且会带来回报的安全投资。卡尔·凯斯（Cad Case）和罗伯特·希勒（Robert Shiller）在 2003 年的调查报告中提及绝大多数受访者认为房地产是最好的长期投资。受访者预计房价未来每年将上涨 6%~15%，上涨幅度与区域有关。[2]

此外，低利率和随时可得的抵押贷款融资使借款者更容易购买房产。2000 年以前，向次级借款人放贷实际上是不存在的，但在贷款人设计了一套使抵押贷款变得更实惠的产品之后，次级抵押贷款规模呈指数级增长。家中没有现金的首次购买者甚至无须收入或资产证明就可以获得贷款（银行可以通过 Alt-A 和 Alt-B 抵押支持证券来获得资金）。贷款人受到 2001—2005 年度次级贷款强劲表现的鼓舞发放更多贷款。低利率环境也促成了最大规模的房屋再融资。

与这些变化相伴而生的是资产证券化的持续发展，即将抵押贷款打包为资产池，然后以各种形式出售给最终买家。从20世纪70年代开始，政府主导的两家企业房利美（Fannie Mae）和房地美（Freddie Mac）开发了这种融资方式，为次级借款人提供合格（Conforming）贷款，并为这些抵押贷款支持证券（MBSs）提供担保。20世纪80年代私营部门在不合规贷款的支持下发展了抵押贷款证券化，但是整个市场一直不温不火，直到90年代末商业银行和投资银行发明了新的次级贷款证券化方法。这就需要创造新产品担保债务凭证（CDOs）。CDOs中混合了MBS分期付款以及其他资产支持证券（ABS）。另一个随之而来的新产品是信用违约互换（CDS），它可以给买方提供风险庇护，规避卖方违约的风险。虽然信用违约互换提供了一种保险形式，但不能保证在违约的情况下，卖家及提供保险方将有足够的资金来全额偿付，所以仍然存在交易对手的风险。

这些新的金融工具在信贷宽松、监管不力和各种信用评级机构慷慨评级的环境中蓬勃发展。据称这些证券的吸引力在于它们有助于分散风险。事实上，这些产品成了在整个金融体系中传播风险的工具。正如由贝利（Baily）等撰写的布鲁金斯学会的文章所述：

"然而尤其令人震惊的是，证券化各个环节上的机构未能对其持有和买卖的与抵押贷款相关的资产进行充分的风险评估。从抵押贷款发起人、贷款服务机构、抵押贷款支持证券发行人、CDO发行人、CDS保护销售商到信用评级机构，以及所有这些证券的持有者，任何这些机构都从来没有停止狂欢，没有去怀疑那些不太了解的计算机风险模型，没有考虑过抵押标的还款条件持续恶化的情况。" [3]

总之，除了住房泡沫之外，金融危机的起因可以追溯到抵押贷款出现、打包证券化和销售给最终买家的整个过程。这些风险后来传导至整个金融体系。

房价上涨中的问题

随着房价的上涨，充足的信贷使得借贷成本十分低廉。这在债券市场是显而易见的，相对于国库券的信用利差从2003年开始稳步下降，并在2006年接近历史低点。到2007年初，越来越多的迹象表明房价涨幅正在放缓，次级抵押贷款问题的消息不断增多。然而，尽管有报道称次级贷款违约不断增加，但信贷市场在春季和初夏依然平静。到6月，穆迪（Moody）和标准普尔（S&P）开始下调某些贷款的评级，而贝尔斯登（Bear Sterns）则宣布投资 MBS 的两只对冲基金陷入困境。

在这些事态发展的同时，美联储试图向大众保证次级抵押贷款的问题是可控的。美联储主席伯南克估计，与次级信贷问题有关的损失可能在 500 亿 ~ 1 000 亿美元。虽然住房方面的问题对经济构成风险，但美联储并没有预见到经济衰退。实际上，美联储预测经济将在 2008 年再次加速增长。

随着市场情况的不断恶化，投资者的看法在 8 月初发生了巨大的改变。传来的负面消息包括两家陷入困境的贝尔斯登对冲基金的破产申请，以及法国保险商安盛（AXA）的资金管理业务和一家与美国次级贷款有关的德国银行（IKB Deutsche）出现问题。8 月 9 日，投资者震惊地获悉，欧洲央行（ECB）和美联储（Fed）为了应对信贷市场的流动性危机而增加对银行的流动性供给。但机构投资者和企业拒绝与金融机构对手续约新的债务出售和再回购协议（Repo）。

许多投资者首次了解到，商业银行已经成立了名为"特殊投资机构"（SIVs）的表外实体来投资资产支持证券，并通过在商业票据市场借款进行融资。这些实体有效地支持了商业银行杠杆化其资产负债表，并通过发行短期债务为购买非流动工具提供资金。

自 2002 年以来，信用利差首次显著扩大（见图 10.2），而 LIBOR-OIS（伦敦银行同业拆借利率—隔夜指数掉期）利差继续上涨至年底，这是衡量银行间对手风险的一个指标（见图 10.3）。美联储 8 月中旬将贴现率下调 50 个基点至 5.75%，一个月后将基准利率下调至 4.75%。此后，美联储在每次联邦公开市场委员会（FOMC）会议之后均调低基准利率，直至年底。

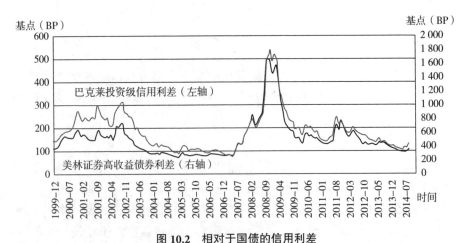

图 10.2 相对于国债的信用利差

（资料来源：巴克莱银行、美林证券）

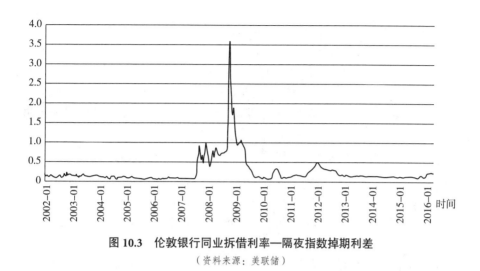

图 10.3　伦敦银行同业拆借利率—隔夜指数掉期利差

（资料来源：美联储）

美联储的这些措施有助于 2008 年初的市场平静，但越来越多的迹象表明，经济增长在 2007 年底已经减弱，经济学家们开始预测 2008 年会出现轻微的衰退。同时，估计与次级抵押贷款（包括 Alt-A 和所有 Alt-B 级 MBS）相关的潜在损失上升至约 4 000 亿美元。

随着事态的不断发展，市场上传来了更令人震惊的消息。2008 年 3 月中旬，作为美联储和美国财政部斡旋的一项安排，贝尔斯登以每股 2 美元的价格被出售给摩根大通（JP Morgan Chase）。美联储为此提供了 300 亿美元的贷款担保，这是美联储首次为投行提供支持。事实上的破产反过来又助长了关于雷曼兄弟和美林证券也极其脆弱的传言。为了让市场放心，美联储在 3—4 月将联邦基金利率下调了一个百分点，降至 2%，但许多投资者认为这并不足以稳定局势。

恐慌加剧

到了 2008 年的夏末，越来越明显地可以看到决策者的行动并没有达到预期的效果。房利美和房地美因持有质量较差的抵押支持证券而使问题浮出水面。9 月初，财政部部长保尔森宣布，两个机构将被置于监管之下以确保它们能够履行偿债义务。这个行动被认为是至关重要的，它确保了外国投资者持有两个机构的证券而不抛售。监管行为会让外国投资者相信他们所持有的证券是受美国政府信用所背书的，是可信赖的。

然而，当决策者允许雷曼兄弟倒闭时，这样的努力实在太少太迟了。由于管理的共同基金持有雷曼公司的商业票据，几大货币市场基金率先跌破了净值。因为担忧其他投资银行 [包括美林证券（Merrill Lynch），摩根士丹利（Morgan Stanley）和高盛 Goldman Sachs）] 成为下一个雷曼，信贷市场开始失灵。有关对手风险的担忧在图 10.3 所示的伦敦银行同业拆借利率—隔夜指数掉期利差（LIBOR-OIS）的扩大中表现得尤为明显。许多机构通过对投资组合的去杠杆来应对信贷市场的收紧，而且它们通常被迫在出现市场流动性的情况下抛售评级更高的投资工具。

美国财政部和美联储都试图力挽狂澜。美联储将流动性引入金融体系，而财政部制定了"不良资产救助计划"（TARP）购买金融机构持有的非流动性资产。高盛和摩根士丹利为了稳定流动性，修改章程变更为商业银行。

"不良资产救助计划"的目的之一是通过政府购买非流动性住房抵押支持证券（RMBSs）来提高二级抵押贷款市场的流动性。然而，该计划未能平息市场。当全球经济陷入严重衰退时，投资者避开风险资产而持有现金、黄金和国债。到 2009 年 3 月中旬，世界股市已经损失了近 50% 的价值，而高收益债券则下跌了 25% 以上。

为了稳定金融市场，美国决策者采取了果断行动，这包括在联邦基金利率接近零边界时大规模购买金融资产，而美国财政部则将"不良资产救助计划"转化为"支持金融机构资产重组计划"。后者的行动有助于缓解主要金融机构在技术上无力偿债的担忧。4 月，投资者感到安慰的是，主要金融机构的压力测试显示资金短缺幅度比预期的要小。这个消息引发了金融市场的反弹，到了年中，越来越多的证据表明美国经济正在从严重的衰退中逐渐复苏。

什么使危机如此严重？

简而言之，现今的金融体系比大多数观察人士所认识到的要更复杂，并呈现出更紧密的相互关联性（包括国内的和全球的）。过去 30 年，商业银行已经将资本投资从证券组合贷款模式（Portfolio Lending Models）转向基于证券化的"发起至销售"模式（Originate-to-sell Models）。一个并行银行体系（所谓的影子银行）随着这一转变的发生而发展起来。影子银行体系由对冲基金、特殊投资载体（SIVs）、特殊目的实体（SPEs）、货币基金、回购市场以及其他非银行金融机构等实体组成。[4]

由于所谓的"影子银行"不吸收存款，与传统银行相比监管较少，但它可以通过信用中介和信贷证券化与传统银行相互关联。包括纽约联邦储备银行总裁盖特纳在内的许多观察人士都认为，2008 年夏季信贷市场的冻结与作为交易对手的影子银行体系有关。而且，美国金融体系内的这种联系延伸到了海外的金融机构，特别是那些获得大量美国抵押贷款证券的欧洲机构。

虽然 2008—2009 年的国际金融危机被普遍认为是大萧条以来最严重的危机，但耶鲁大学教授加里·戈顿（Gary Gorton）认为，这与美国历史上的恐慌不同，"它并不是个人对银行的大规模挤兑，而是由公司和机构投资者对金融机构的恐慌造成的。"[5] 以 20 世纪 30 年代为例，大量中小银行的破产导致货币供应量缩减 30%。相比之下，2008 年的问题来自许多最大的投资银行和商业银行的破产或接近破产。今天，这些机构被划分为"具有系统重要性的金融机构"（Systemically Important Financial Institutions，SIFIs），通常被认为是"大而不倒"。

陷入困境的机构有三个共同的特征。首先，它们的账面上都有很高比例的"有毒资产"（Toxic Assets）。在利率低、利差小的大环境下，这些机构急于提供证券化的抵押贷款和其他结构性产品以提高手续费收入。虽然它们把大部分的结构化产品都出售了，但是它们还是持有了一些高优先级的产品，并相信这是安全的。

其次，与此同时，这些公司力图通过过高的财务杠杆提高整体盈利能力。由于美国证券交易委员会（SEC）的默许，投资银行将债务水平提高到 30~40 倍的股权资本；而商业银行则在美联储允许的情况下发展表外业务以提高杠杆率。其他机构则属于"影子银行体系"部分，也暴露于房产危机中，但无法获得中央银行流动性或联邦存款保险公司（FDIC）的担保。

最后，陷入困境的机构用短期借贷去投资长期项目。引发危机的原因之一是房产泡沫破裂时资产价格的急跌。在这一过程中，金融机构为了快速给自身资产负债表去杠杆，不惜血本大量抛售资产。当雷曼兄弟破产时，投资者开始清算货币市场基金，银行不再接受交易对手的风险，导致信贷市场陷入停滞。家庭和公司又被迫减少债务，使全球经济陷入严重衰退。

在随后的一段时间里，关于经济复苏需要多长时间的问题存在广泛的争论。最初，一些观察人士认为美国经济将会呈现"V"形复苏，就好像战后时期常见的情况一样。然而，卡门·莱因哈特（Carmen Reinhart）和文森特·莱因哈特（Vincent Reinhart）的研究发现，经历了严重的金融危机之后的恢复往往需要 10 年时间，经济增长率比长期趋势低一个百分点。[6] 今天看来，这些警告显然是非常中肯的。自 2009 年年中开始复苏以来，美国经济年增长率略高于 2%，远低于此前的复苏期平均水平与 3% 的长期趋势增长率。

如何防止重蹈覆辙？[7]

关于各类经济主体所起的作用存在很大分歧，这也是当今最具争议性的问题。这些经济主体包括金融机构、监管机构、评级机构和决策者。在所有这一切发生之后，政府官员试图向公众保证，他们将采取措施确保危机不会再发生。

为了实现这个目标，金融危机调查委员会（FCIC）成立了。它的主要职责是调查危机的原因并提出建议，以提高金融体系的安全性和健全性。在 2011 年 2 月发表的报告中，大多数人认为危机是住房泡沫达到高潮和抵押贷款证券化过程崩溃造成的。正如报告所指出的那样，"正是由于低利率、容易和可得的信贷、监管不足和有毒的抵押贷款，才引发了房地产泡沫破灭"。[8] 大多数人认为，如果美国采取更为严格的法规以及更积极的监管措施，危机就可以避免。

金融危机调查委员会也发表了不同的观点，它对危机的解释是非常不同的。[9] 少数人认为，美国并不是唯一遭受信贷泡沫的国家，许多欧洲国家也受到影响。它批评大多数人的意见是"过于狭隘地关注美国的规制政策和监管，忽视了国际上的相似之处，只强调强化监管的理由，没有优先考虑原因，没有充分区分原因和后果"。[10] 根据这个反对意见，"全球资本流动和风险重新定价造成了信贷泡沫，我们认为它们是解释危机的关键。美国的货币政策可能是一个放大因素，但它本身不会造成信贷泡沫，也不是造成危机的关键所在。"[11]

然而，在金融危机调查委员会的报告公布之前，国会在 2010 年年中通过了《多德—弗兰克法》（*Dodd-Frank Act*）。这是自 20 世纪 30 年代《格拉斯—斯蒂格尔法案》（*Glass-Stegall Act*）以来最为全面的金融体系立法。许多目标似乎是值得赞扬的，如提供更好的消费者保护并使他们免受滥用金融服务的影响，结束"大而不倒"的救助，建立早期预警系统，提高透明度，对特殊金融工具作出说明等。然而，《多德—弗兰克法》的主要问题在于其复杂性——它有 849 页的立法和数千页规则解释文件。

尽管《多德—弗兰克法》的主要目标是要防止另一场危机的发生，但是很多人对此仍然存疑。例如，银行业变得越发集中，目前美国前五大银行占存款总额的近一半，而 10 年前为 30%。同时，《多德—弗兰克法》对许多与危机关系不大的银行、保险公司和其他金融机构的活动强加限制。因此，有人担心这可能导致监管过度。

另外也有更具针对性的方法，如《巴塞尔协议Ⅲ》提出提高银行资本和流动性的最低要求。这种方法旨在消除金融体系中的高杠杆。高杠杆是导致危机及其严重性的重要因素。例如，金·舍恩霍尔茨（Kim Schoenholtz）指出，即使 2007 年所有近 2 万亿美元的次级债券都变得毫无价值，财富损失也就相当于股市下跌不到 8% 的损失："次贷危机如此严重的原因在于高杠杆放大了金融机构资产负债表上的损失"。[12] 因此，解决这个问题对于恢复金融体系的安全和稳健至关重要。

至于货币政策，很难确定它的变化能否直接影响金融体系的稳定性。在2008年国际金融危机之前，经济学界普遍认为，资产泡沫难以预测，而有效市场的倡导者质疑资产泡沫这个概念。美联储前主席格林斯潘就认为，决策者不应该企图破坏资产泡沫，而是应该准备好为金融体系破灭提供充足的流动性。这种方法被称为"格林斯潘对策"（The Greenspan Put）。

金融危机后，美联储和财政部门的官员现在更加关注对个别机构的监管以及影响整个金融体系稳定性的宏观审慎问题。这种做法值得赞扬，并且早应该这么做了。但是很难确定货币政策的改变能否直接影响金融体系的稳定性。实际上，美联储和其他中央银行采取了非正统的货币政策来维持利率接近于零。虽然美联储的策略是为了鼓励人们承担更大的风险来推动经济扩张，但这也扭曲了资本市场的价格并可能造成又一个市场泡沫。

这里，我们必须决定是否应该孤立地看待2008—2009年的国际金融危机（这也正是《多德—弗兰克法》产生的原因），或者将金融危机作为30年来影响全球经济的众多危机中的一个例子，从而从更广泛的角度来看待这个问题。有趣的是这段危机发生在经济强劲和低通胀的时期。正如国际清算银行（BIS）前经济顾问威廉·怀特（William White）所说的，当时各国央行认为首要任务是恢复布雷顿森林时代普遍存在的低通胀环境。但从20世纪70年代后半叶开始，制定货币政策的背景就发生了根本性的变化，因为放松管制和金融自由化与全球资本市场一体化的加强是同步的。最终的结果是，美国和欧洲的金融体系变得高度杠杆化和相互关联。从这个角度来看，货币政策需要更多地考虑信贷创造过程和通过金融市场传导的国际资本流动的影响，以减少未来泡沫的风险。

投资者的教训

最后，简要阐述一下投资者在国际金融危机发生前后所面临的主要挑战。

是什么让投资者难以预测危机呢？流行的观点是：20世纪30年代以来美国没有发生重大的金融危机，决策者被认为能力较好，市场参与者过分自满且认为大型金融机构"大而不倒"。虽然这个论断确实是正确的，但我仍然主张投资者需要做三次评估来预测危机。首先，他们必须预见到美国房价的泡沫。其次，他们必须相信信贷异常便宜。最后，他们必须预料到国内外金融体系的脆弱性。

就我个人而言，我成功地评估了前两项。因为我认为美国房价被高估了15%~20%（而不是30%以上），且信用利差太小了。但是，我也没有预见到金融体系的脆弱性。原因是：这似乎是一个"黑匣子"，我相信监管机构可以利用单个机构的风险暴露发现存在的任何问题，但是事实表明我的信任是错误的。

幸运的是，美国财政部和美联储以及国际清算银行和国际货币基金组织等国际组织正在努力改善金融体系的透明度。这包括扩大数据的范围和质量以分析财务稳定性，改进风险管理人员使用的分析工具。[13] 然而，尽管这些举措有助于事先发现潜在的风险领域，但我认为，金融危机难以精准预测。

金融危机所凸显的第二个挑战是难以评估政策响应的效果。当次贷问题在2007年上半年浮出水面时，联邦储备委员会不断向公众保证问题总体上不大，不太可能蔓延到整个经济。即使是在主要金融机构开始倒闭的情况下（从2008年初贝尔斯登的崩溃开始），美联储和财政部官员仍以零敲碎打的方式作出回应。直到雷曼兄弟倒闭，其他机构需要救助时，决策者才了解到情况的严重性，并开始处理系统性风险。

尽管官员对雷曼倒闭之前所发生的事情掌握缓慢，但是美联储主席伯南克在救助濒临崩溃的金融体系方面是值得赞扬的：为金融体系提供充足的流动性，并愿意奉行非正统的货币政策。同样，在美国财政部的主持下进行的美国金融体系压力测试，对于恢复投资者对金融体系的信心至关重要。基于这些政策响应，我们公司已经充分确信复苏将近。所以于2008年12月开始我们公司增加了投资级公司债券的头寸，然后在2009年上半年扩大了对高收益债券和美国股票的买入。

第三个挑战是股票投资者所处的环境十分艰难。尽管到2014年美国股市已经升至历史高点，但其走过了"过山车"（Roller Coaster）般的轨迹：市场在截至2009年3月的6个月里下跌了45%，又在接下来的12个月反弹了75%；然后在"风险追逐/风险规避"（Risk On/Risk Off）模式里切换了两年，并在后面两年再次飙升[14]（见表10.1）。几乎没有人能预料到这些波动和市场轨迹，大多数基金经理落后于基准回报率。由于市场主要由宏观力量驱动，所以把自己当作自下而上选股者的投资组合经理们一直在适应这种条件的变化。他们已经知道，他们必须关注全球宏观发展态势，或者说是风险持续且业绩低迷的环境。

表 10.1 不同类型资产的投资回报 单位：%

时间	恐慌期间 （2008.09.01—2009.03.09）	复苏期间 （2008.12.31—2014.12.31）
股市		
标普 500	−46.4	162.2
EAFE 指数 ($)	−49.4	81.4

续表

时间	恐慌期间 （2008.09.01—2009.03.09）	复苏期间 （2008.12.31—2014.12.31）
EM 指数 ($)	−48.7	110.1
债券		
国债	6.4	20.8
信用债（IG）	−5.5	67
高收益债	−26	157.2
新兴市场债券指数 ($)	−14.2	82
大宗商品		
WTI 原油	−59.2	19.4
黄金	10.9	44.8

资料来源：S&P，MSCI，JP Morgan，IMF。

注：2009 年 3 月 9 日美国股市跌到低点。债券市场先于股票市场在 2009 年开始复苏。

第四个挑战是如何在组合多元化无效的恐慌阶段配置投资组合。投资者面临的选择是持有价值暴跌的公司股票和债券还是清算头寸，持有现金、国债或黄金。在这个时期没有什么可以指导他们的。当市场在 2009 年春天稳定下来的时候，尽管那时很多金融资产变得非常便宜，但许多人因为太害怕而无法重新开始投资。

结论

问题诊断

我们讨论的是关于金融危机产生的原因。危机起源于经济中的某一小部分——次级住房贷款，但这一问题逐渐蔓延并渗透到美国和全球的金融系统。危机的严重程度反映了主要金融机构的脆弱性。这些金融机构由于大量持有"有毒"资产，所以在房价急跌期间损失惨重。它们在资产和负债期限之间的严重错配，导致流动性干涸，而且过度的杠杆最终使它们破产。

政策响应

在危机初期，决策者们并没有认识到问题的系统性和严重性，以既定方式应对意外事态。美国的货币政策使信贷变得轻松可得从而导致金融危机。以雷曼兄弟破产为标志的危机全面爆发后，伯南克主席领导下的美联储采取非传统的政策成功地稳定了金融体系。此外，美国政府修改了"不良资产救助计划"，使其可用于重大金融机构资产重组。

市场反应

美国信贷市场率先对次贷问题的恶化作出反应。次贷问题在 2007 年 8 月之前已经延伸到货币市场和欧洲金融机构。尽管美国和全球股市在那年的 10 月前一直上涨，但是在 2008 年到 2009 年初下降了 50％左右。随后的股市上涨始于 2009 年 3 月，当时投资者对金融体系稳定有了更多的信心。不过债券在当年年初就开始反弹。

投资组合配置

在恐慌抛售阶段，除了持有现金、美国国债或黄金之外，投资者无处可藏。相反，在反弹阶段，风险资产远远优于安全资产，因为美国企业利润回升，美联储维持利率接近于零。对我来说最主要的教训是在危机发生时保持灵活性和感知能力十分重要。我们公司决定重新部署资本，这是因为我们认识到现有资产价值已经达到低点，决策者已经学会如何做才能稳定金融体系。第十二章将详细阐述我们公司应对危机的方法。

注释

[1] 参见 Martin Neil Bailey，Robert E. Litan and Matthew S. Johnson，"The Origins of the Financial Crisis," Business and Public Policy at Brookings，November 2008。

[2] 参见 Karl E. Case and Robert J. Shiller，"Is There A Bubble in the US Housing Market?" *Brookings Papers on Economic Activity*，2003 No. 2。

[3] Bailey et al., op cit. Note: more recently, there have also been a growing number of lawsuits against firms that underwrote mortgage-backed securities that misrepresented the collateral backing them.

[4] 参见 Gary Gorton and Andrew Metrick，"Regulating the Shadow Banking System," *Brookings Papers on Economic Activity*，fall 2010。

[5] 参见 Gary Gorton，"Questions and Answers about the Financial Crisis," prepared for the US Financial Crisis Inquiry Commission," February 20，2010。

[6] Carmen Reinhart and Vincent Reinhart，"After the Fall," NBER Working paper no. 16334，September 2010.

[7] 参见 Nicholas Sargen，"Facing the Reality of Bubble Risk"，*CFA Institute Magazine*，July/August 2014。

[8] The Financial Crisis Inquiry Commission，*The Financial Crisis Inquiry Report*，January 2011，Official Government Edition.

[9] 参见基思·亨尼斯（Keith Hennesy）、道格拉斯·霍尔茨－埃金（Douglas Holtz-Eakin）和比尔·托马斯（Bill Thomas）的反对声明。

[10] 同上，p.416。

[11] 同上，p.421。

[12] 参见 Kim Schoenholtz's blog，*Money*，*Banking and Financial Markets*，"It's the leverage，stupid!" November 17，2014。

[13] 参见美国财政部金融研究办公室主任理查德·伯纳（Richard Berner）在 2013 年 3 月 12 日第 14 届年度风险管理大会上的讲话。

[14] 参见 Nicholas Sargen，"Aftershocks，" *CFA Institute Magazine commentary*，August 2013。

第十一章

中国的经济奇迹：将如何演变

并非所有的冲击都不好。自 20 世纪 80 年代以来，最重要的发展之一就是中国作为经济强国的出现。继毛泽东逝世后，中国在邓小平的领导下于 70 年代后期启动了经济改革方案，它从落后的国家变成今天的世界第二大经济体。在此期间，中国每年以 9.5% 的复合增长率增长，在过去的 10 年中，它创造了创纪录的外部顺差，成为世界最大的资本输出国。因此，当今中国经济不但对其他太平洋沿岸经济体而且对世界其他地区都有相当大的影响。

中国对全球经济和金融市场的影响在 2000 年开始的 10 年中首次出现，当时它推动了大宗商品价格的上涨，推进了整个亚洲和其他新兴经济体的经济复苏。随后，在国际金融危机期间，中国启动了一个大规模的经济刺激计划，使亚洲地区摆脱了低迷。但近年中国经济增速已经放缓至 7% 以下，决策者提振股市的举措却适得其反，导致全球投资者对其未来持谨慎态度。

认识过去，看清未来。投资者面临的最重要的决定之一就是要正确地看待中国的未来。投资者所面临的挑战是如何厘清中国专家们的不同意见，而这些专家的意见往往是相互冲突的：乐观主义者相信中国最终将超过美国成为世界上最重要的经济体，悲观主义者认为资产泡沫会导致金融危机。在过去的 10 年里，我花了相当多的时间评估哪一种观点最有可能是正确的。

我的出发点是要了解创造中国"奇迹"的发展战略，然后评估中国领导人维持持续增长面临的主要挑战。其中最重要的变化是经济从日本式的出口拉动式增长转向内需式增长，金融体系从严格控制转向市场化。尽管这两个转型都是必要的，但是从最近对增长的担忧中可以看出，经济增长放缓的可能性有所增加。虽然受国家控制的银行风险较小，但政府资金的注入可能也反映了中国资源分配不合理的情况，这又反过来增加了经济增长放缓的风险。

投资者需要考虑的另一个问题是如何投资中国。此前，由于中国对外资收购的限制，以及政府对国有企业和民营企业的影响，投资专业人士倾向于投资那些向中国提供资源的新兴经济体，而不是直接投资中国股市。尽管这种"间接"的策略在过去 10 年中大宗商品价格上涨期间表现得很好，但由于对中国经济增长的担忧和大宗商品价格随后大幅下滑，新兴市场受到冲击。

中国奇迹的起源

中国经济奇迹起源于 20 世纪 70 年代末邓小平实施的一系列改革。[1] 邓小平的愿景是把中国的中央计划经济转变为更加以市场为导向的经济体系，但仍然保持了中央政府在改革过程中的重大调控作用。这个方法是通过对各个部门进行一系列试验并分析试验结果来进行的，而不是像某些东欧集团国家那样在柏林墙倒塌后开展"休克疗法"（shock therapy）。这些改革的共同影响是大幅提高了中国经济的整体效率。

农业改革

邓小平的改革是从长期被忽视的农业部门出发的。农业部门也是苏联试图实现经济现代化却没有完成的部门。邓小平则通过废除人民公社制，实行家庭联产承包责任制，把集体土地承包给家庭使用，允许农民缴纳税收后保存余粮。①

这些改革受到了农民的热烈欢迎，20 世纪 80 年代上半叶农业产值年均增长高达 10% 以上。随着产出和生产率的飙升，食品价格普遍下降。

工业改革

农业改革取得成果后不久，邓小平开始实施中国工业现代化改革，其中包括放松对工业产出严格的价格管制，允许价格由市场力量来决定。同时通过"计件工作制"的计薪方式，使工人的薪酬更直接地与工作业绩联系起来，更好地促进劳动生产率的提高。为激励地方经济发展，中国政府还大量分配中央政府财政收入给地方，增强地方自主权。中国还建立了价格双轨制，允许国有工业超出计划配额生产，产品分别按计划和市场价格销售。

中国是第一次在共产党领导下对外资开放，建立了一系列管理相对宽松、

---

① 译者注：从 2006 年起，中国全面取消了农业税。

产品可以出口的经济特区供外商投资。中国东南部的广东省第一个建立了经济特区（SEZ）。在其成功的基础上，中国沿海的其他省份也进行了类似的改革。

中国工业现代化的这些努力初见成效，但是喜忧参半。通过改革，成功地提高了工业产出和生产力，这是值得肯定的。但是，许多国有企业亏损，成为政府财政的一个负担。随着中央政府财政赤字扩大，国企亏损在20世纪80年代后半期和90年代初期成为通货膨胀压力的根源。

民营经济发展

20世纪90年代，江泽民总书记和朱镕基总理出任新一届领导人，其中朱镕基主要负责经济工作。他们注意到，一些工人和管理人员正在利用国有资产来最大化个人财富，而不是提高利润。因此他们认为需要进行一系列新的改革，其中关键的是推进国有企业改制。相关的配套改革包括允许劳动力更大的流动、允许私人拥有住房所有权、取消双重汇率制度、鼓励民营部门投资于原来由国家控制的领域。

由于这些改革，国有企业改制在整个20世纪90年代得以加速，到90年代中期，民营部门在国内生产总值中的份额超过了国有部门。这一趋势延续到下一个10年，到21世纪第一个10年的中叶，民营部门在中国经济中发挥着越来越重要的作用。

国际化

21世纪初，中国取得的最大成就是加入世界贸易组织（WTO）。[2] 为了获得加入WTO的资格，中国不得不开始计划降低关税和其他贸易壁垒。在整个20世纪80年代和90年代的改革期间，整体关税税率从大约55%下降到15%。进入世贸组织时，中国还有不到40%的进口商品有关税，不到10%的进口商品实行许可证和配额制度。

21世纪的头10年是中国对亚太地区和世界其他地区的影响力的一个转折点。在这10年间，它贡献了全球GDP增长的20%~30%；另外，它在2008—2009年国际金融危机期间实行的大规模经济刺激计划帮助支持了整个亚太地区的经济复苏。

随之而来的是中国出口的空前增长，从21世纪头10年初期占世界出口的约3%上升到末期的近10%。全球出口结构也出现重大转变，新兴经济体出口稳步增长，接近中国出口总额的一半，而七国集团（G7）国家的出口比重稳步下降。在此期间，中国与美国和欧洲之间的贸易摩擦不断增加。

与此同时，中国的进口需求飙升，特别是对于工业发展所需的自然资源。中国在 20 世纪 90 年代中期成为石油净进口国，15 年后又进口了近一半的国内石油消费量。与此同时，铁矿石、铜和煤等原材料以及其他商品的需求猛增。在这个过程中，中国成为全球大宗商品市场上所谓的"超级周期"的关键驱动力。目前，它消耗了全球大约 30% 的大宗商品。

2008 年国际金融危机前夕，中国的经常账户顺差猛增至 GDP 的 10%。与美国的双边收支不平衡日益加剧。这与 20 世纪 80 年代美国和日本贸易摩擦相类似（见图 11.1）。在这个过程中，中国取代日本成为世界最大的资本输出国，其持有的外汇储备达到 4 万亿美元的峰值。

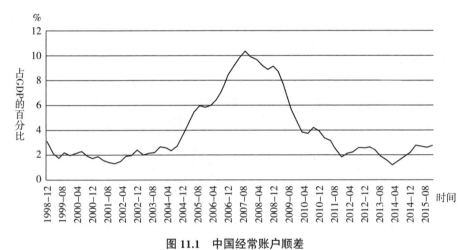

图 11.1 中国经常账户顺差

（资料来源：国际货币基金组织）

艰难的改革

虽然过去 35 年来中国转型的成功是无可争议的，但决策者也遇到了很多挑战。有关中国奇迹能够维持多久的话题在中国追随者之间已经有了广泛的争论。其中主要的担忧之一是中国的出口导向发展战略是仿照日本的模式，如果中国没有实现更平衡的增长，那么它也可能遭受与日本类似的命运。[3]

随后，中国制定的 2011—2015 年"十二五"规划要求中国经济由出口和投资拉动的增长转向更多的依赖内需增长，这是在个人消费降至国内生产总值约 35% 的低点的情况下提出的。该计划强调了促进消费主导型增长的三种方式，包括促进就业，提高工资，鼓励家庭减少储蓄。后者是通过加强中国欠缺的退休保障制度来实现的。

不过，一些知名的中国观察人士评价当时的中国经济问题：

> "所有这些问题都是对中国经济健康的严峻挑战。但它们也反映了一个更深层次的问题：停滞不前的经济改革和更广泛的逐渐衰弱的调整势头……中国政府必须找出这些问题的根本原因，并直面一系列与经济增长密不可分的困难的经济和社会问题。否则，中国的长期增长可能会受到威胁。"[4]

目前的改革计划：微妙的平衡

2012 年底习近平总书记和李克强总理成为中国新一届领导人，他们上任之时面临诸多挑战。其中最大的挑战之一就是在保持 6%~7% 的增长轨迹的同时进行结构性改革以改善国家的长期前景。中国领导人面临的困境是，国际金融危机以来许多结构性问题日益恶化，例如，由于支持经济增长的财政和货币扩张，国内生产总值中投资占比持续增加（见图 11.2）。根据晨星（Morningstar）的研究，中国的投资热潮是有史以来任何经济体都无法比拟的：

> "无论从哪个维度衡量中国的固定资产投资强度与增长率的关系，如固定资产投资占累计 GDP 增长的份额或占 GDP 的份额，中国都远超日本、韩国和中国台湾的先例。我们估计，相对于经济起步时的经济规模，中国的资本存量在经济繁荣的 10 年间的累积增幅比日本高出 43%，比韩国高出 33%，比中国台湾高出 49%。"[5]

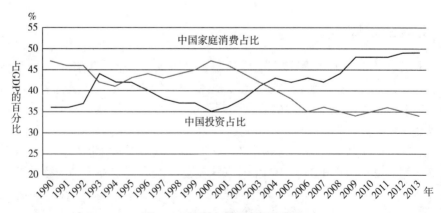

图 11.2　中国家庭消费和总投资

（资料来源：国家统计局、IMF）

在这方面，中国领导人从投资拉动型增长转向消费拉动型增长所面临的挑战比其他"奇迹经济体"更为艰巨。

在此背景下，中国政府于 2013 年 11 月宣布了一个改革蓝图，指导中国未来 10 年的发展。在经济改革方面，中国领导层提出的主要突破是市场力量在经济形成中被赋予了"决定性"的作用，而政府将发挥支持性作用。推动中国取得非凡成功的一个独特之处是改革期间的"不对称市场自由化方式"，其中产品市场几乎完全自由化，而要素市场则没有。[6] 此后，政府提出允许市场力量成为要素价格的主要决定因素，受影响的三个关键领域包括：（1）金融市场定价，包括利率和人民币汇率；（2）水电、运输和电信等资源定价；（3）土地价格，尤其是农村地区。

其中，资本抑价被广泛认为是当今中国最重要的扭曲形式。中国拥有包括各类银行、证券公司、保险公司和一系列货币金融市场在内的综合性金融产业。利率在经济改革初期受到国家的严格控制，为了补贴投资而定在一个较低的水平。20 世纪 90 年代利率开始市场化，但金融市场仍然不发达，商业银行的存贷款利率保持低位，经过通货膨胀调整后实际利率甚至为负值。

其中一个后果就是，大型国有企业或外资企业获得大部分银行贷款，而中小企业往往从不受监管的影子机构获得资金。非正规市场的利率通常远高于商业银行，且近年来非正规金融一直在迅速增长。

2015 年增长的担忧

回顾 2015 年，中国领导人在寻找平衡方面所遇到的紧张局势是显而易见的。舆论鼓励国民参与股市投资，然而，当股市在 6 月中旬上涨 150% 之后再大幅下挫时，这种做法事与愿违。官方的反应是采取一些救市措施，但当时一半以上上市公司出现暂停交易。这一行动反而让市场参与者疑惑政府是否理解其行为的后果。

随后，人民币在 2015 年 8 月 11 日贬值 2%。新闻报道称这是 20 多年来最大的货币贬值，如果人民币持续下滑，它将会引发"货币战争"。此后，石油和其他商品价格下跌，许多新兴市场货币被大幅抛售，投资者担心中国经济正在以超过官方预计的速度减弱。这些情况反过来又促成了全球股票和其他风险资产的抛售。

鉴于这些情况，一些观察人士探讨中国的增长模式是否即将结束。牛津大学中国中心的助理乔治·马格纳斯（George Magnus）就此话题撰写了一篇文章，总结如下：

"中国的经济转型一直以来都是困难重重，但是今年的发展表明事情并没有按计划进行。经济不可能通过无休止的刺激走上不切实际的增长之路。中国需要认识到经济转向长期低增长的时点越来越近。这将检验中国领导人对改革的决心，也决定着中国未来几年的发展态势。"[7]

也就是说，投资者面临的挑战是判断中国经济形势是正在面临经济增长放缓，实现每年 5%~6% 的增长，还是增长速度下降到 3% 甚至更低。在这方面，我认为最近的恐慌是一个很好的管窥现状的例子，理由如下：

一是中国经济对大多数投资者来说是一个"黑匣子"。国际投资者对中国一些经济统计数据的质量心存担忧。[8]

二是中国股市与国内经济的联系是有限的。例如，股市创立 25 年来，股价曾经三次下跌了一半，但经济并未受到严重影响。其中一个原因是股票并没有被公众所广泛持有。因此，相关财富效应被认为是相对较小的。

三是中国调整汇率政策，市场参与者认为这是企图贬值人民币。不过，我认为中国领导人不打算发起"货币战争"。迄今为止人民币贬值还不值得忧虑，达不到 4%（见本章末尾有关"货币战争"的说明）。人民币进一步贬值的可能是经济放缓、货币政策进一步放松的结果。

最后还需要指出的是，在最近的事态发展之前，投资者对中国的首要关注是该国是否面临房地产泡沫的风险。国际清算银行（BIS）的研究人员已经指出房产部门对中国经济的影响可能比股票市场更大。这主要是因为房地产通常是以杠杆购买的，而且金融机构对这一部门的风险敞口大于股票。由于 2008 年国际金融危机后信贷的迅速扩张，目前中国和其他一些知名的新兴经济体已在国际清算银行的资产泡沫观察清单之上。认识到这一点，我们需要更加关注股市的问题是否会蔓延到房地产行业。

中国经济将如何演变

如果中国房地产泡沫破灭，投资者需要考虑这场危机是如何展开的。本书的主要观点之一就是危机发展态势主要取决于政策回应的内容以及官员是否能够恢复投资者的信心。

在这方面，我认为中国的经济情势和日本泡沫破裂或亚洲金融危机爆发的方式会有所不同。在日本和亚洲金融危机的情况下，决策者的反应都是收紧货币政策：日本的情况是，中央银行一直在担心通货膨胀，但当时真正的威胁是通货紧缩；而在亚洲新兴经济体，决策者被迫收紧货币政策以稳定本国货币（今天几个新兴经济体的做法也是这样）。

相比之下，中国的决策者已经开始放松货币政策，并且可能会继续这样做（见图11.3）。这一变化相当于从象限图上的东北象限转移到西南象限，这时货币政策宽松可能与人民币汇率走软有关。如果利率在某个时候回落到零边界，决策者可以考虑量化宽松。在这方面，中国的政策回应与美国在技术泡沫和住房泡沫后所做的相似。中国有这样做的空间，因为它拥有庞大的外汇储备和资本管制，可以实行独立的货币政策。

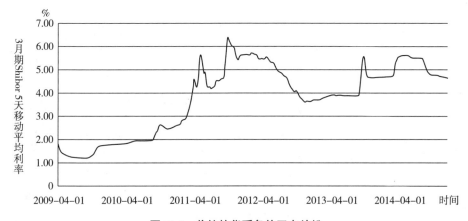

图11.3　收缩的货币条件正在放松

（资料来源：中国人民银行）

一些观察人士也认为，如果货币政策刺激不能推动经济的发展，中国可能会启动新一轮的财政刺激计划。[9] 但是，考虑到早期的计划显著增加了中国的财务杠杆，我对此持怀疑态度。国内银行信贷占国内生产总值的比例从2008年的121%上升到2012年的155%。[10] 这一增幅超过了1994年至1998年的24个百分点的增幅，当时的银行不良贷款率随后上升到30%，这导致中国政府不得不注入公共资金，重组各大银行并打包银行的不良资产给资产管理公司。

另外，今天的情况更为复杂，因为信贷增长最快的不再是传统的银行渠道。从"社会融资总额"（TSF）统计数据可以看出，银行贷款占比从2002年的95%下降到2012年的不足60%，与此相对的是信托贷款、委托贷款（需要通过银行系统把一家公司的贷款贷给另一家公司）和公司债券大幅增加。[11]

最重要的是，在信贷快速增长、高房价和经济增长疲软的综合条件下，预期银行资产质量将显著恶化是否合理（目前不良贷款只有1%多一点）。然而，著名的资产泡沫研究专家罗伯特·阿利伯（Robert Z. Aliber）教授估计，空置住房相当于城市住房存量的 5%~10%，这可能导致房价下跌多达 75%~80%。[12] 在这种情况下，他估计金融体系的相关贷款损失可能会达到银行资产的 20%~30%。①

与发达经济体不同的是，中国政府可以对国有企业进行直接资本注入，从而有效地延缓调整时间。但这并不意味着中国会毫发无损地摆脱风险，毕竟房产和股市的泡沫表明资源配置不当。

如何投资中国

最后，无论对中国有什么看法，投资者都需要决定表达自己观点的最佳方式。股市是投资者利用经济扩张获利的典型渠道。然而，中国对资本流动和外资所有权的限制使得这一过程变得相当复杂。这其中形成了一系列的市场，包括：

首先，由在上海和深圳上市的内地注册公司组成的 A 股，以人民币计价。这是最大的市场，但外国人在很大程度上受到限制。

其次，B 股以美元和港元计价，并且是为吸引外国投资者而设立的。

最后，H 股是在香港上市的内地注册公司，以港元计价。境外上市股票的主要吸引力在于遵守更为严格的监管要求和会计规定。

由于这些复杂因素，外国投资者在 20 世纪 90 年代和过去 10 年间投资中国的最常见方式就是间接投资，即寻找提供资源、原材料和服务给中国的公司去投资。其中包括对澳大利亚、新西兰、阿根廷、巴西和智利等主要自然资源和商品出口商的投资。另一些间接投资是投给为中国工厂提供工业机器的日本公司和由中国香港运营的金融服务公司。这种情况对"金砖四国"（BRICs）同样适用。BRICs 是指由高盛首次提出的"金砖四国"的缩写，以描述巴西、俄罗斯、印度和中国日益增长的重要性。

中国经济的蓬勃发展促成了自然资源商品价格的长期繁荣，所以上文这种方法可以取得很好的收益。然而，2011—2015 年中国经济增长放缓，大宗商品价格走弱。伴随而来的是许多新兴经济体增长放缓。在这种情况下，继上一个10 年表现强于大盘（见表 11.1）之后，"金砖四国"和其他新兴股票市场在这一时期的表现远远落后于发达市场。事实上，2015 年的增长担忧凸显了中国经济

---

① 译者注：现实的发展似乎与这一估计并不吻合。

放缓对以中国为主要出口目的地的国家和生产者的巨大影响。

表 11.1 "金砖四国"与 S&P 500 指数年化收益率（以美元计算） 单位：%

市场	2000—2010 年	2011—2015 年
中国	9.2	0.9
印度	14.7	−2.4
巴西	18.8	−19.5
俄罗斯	15.9	−11.9
金砖四国综合	13.8	−6.2
美国（S&P）	0.4	12.6

资料来源：MSCI。

尽管目前对于新兴市场股市的前景尚未达成明确的共识，但投资策略师对"金砖四国"概念作为一个投资策略的合理性日益产生了怀疑。我自己的评估是，这是一个营销的概念，而不是一个合法的投资主题。因为这四个经济体不同质的地方比同质的更多。事实上，中国作为全球超级大国的崛起是最重要的一个故事，因为中国的经济体量比巴西、俄罗斯和印度的总和还要高：在过去的 10 年里，中国在世界经济中的份额几乎翻了一番，达到了 14%，而另外三个经济体份额稳定在约 3%。

只有中国现在进行改革，即放松资本流入流出管制，实现国内金融市场自由化，国外投资者才有更多直接投资中国的机会。否则，他们很有可能因为政策改变而投资失败。最后，新兴市场投资者是没有捷径可走的，唯有对风险和回报进行深入研究。

结论

中国作为经济大国的崛起，是过去 35 年来影响全球经济的最重要的事态发展之一。把一个国家从落后不发达的状态发展为最具活力的国家，这是一件令人敬佩的事。中国的转型提供了一个与大多数发达国家经济发展方式相异的案例。然而尽管如此，对于中国未来的看法仍存在很大分歧。乐观主义者对中国的未来充满了信心，悲观主义者认为资产泡沫会导致金融危机。

问题诊断

关于中国未来的争论说明了预知资产泡沫和试图预测发生泡沫的具体时间是极其困难的。过去 20 年，针对中国经济发出的骇人警告从未停止。虽然事实证明都是虚惊一场，但这也给了我们充分的理由去关注投资过度、房产估值高、信贷扩张过快等潜在金融风险。事实上，国际清算银行开发的预警系统表明，中国的情况值得仔细关注。不过，即使出现一些金融问题，我预测其发生方式可能也会与日本、东南亚或美国有所不同。

政策响应

中国的政策反应向来很复杂。积极的一面是，政府将采取措施，通过限制单个居民在主要城市购买的住房数量并对房地产征收新的税收来降低房地产泡沫风险。但是，中国政府在促进经济更加均衡增长和金融体系改革方面遇到了挑战。

市场反应

市场参与者预计中国经济将从目前7%的增长步伐逐步放缓。然而，事实上3%~4%或更低的增长（如此低的增速将会导致衰退）并未被市场所接受。就此而言，2015年的增长担忧是市场对中国经济增长放缓的预演。

投资组合配置

投资者在中国繁荣时期面临的主要挑战是金融体系的开放度不够和国有企业的优势地位，这使得直接投资中国很难。所以大部分全球投资者采取的策略是间接投资，如投资供应中国的新兴经济体。然而近年来这一策略并未奏效，因为中国经济放缓和全球经济疲弱，对商品和原材料的需求减少。因此，展望未来，投资者必须更有选择性地确定最佳投资机会。

关于"货币战争"的一个附注

自2014年中期以来，当投资者开始预期美联储最终将收紧货币时，美元兑大多数货币飙升。一段时间以来，中国是少数几个坚持货币与强势美元挂钩的国家之一。不过，中国货币当局在2015年8月放宽了人民币浮动范围，并允许人民币兑美元贬值2%。媒体的报道预示这是20年来中国货币最大的贬值，专家声称它有可能导致"货币战争"升级。到12月，中国货币当局宣布它会进一步将人民币与一篮子货币挂钩，人民币随即兑美元走弱。自此以后，对"货币战争"的担忧不断发酵。

然而，我的看法是，这样的观点不仅扭曲了事实，而且如果强势美元成为美国的一个政治议题，情况很可能就此恶化。首先，与20世纪30年代出现的"以邻为壑"（Beggarmy Neighbor）政策不同，最近的货币贬值浪潮并不是因为各国为了获得竞争优势蓄意削弱本国货币。相反，大多数国家都放弃了干预外汇市场的行为，并允许市场力量来决定本国货币的价值。

中国在这方面是异乎寻常的，因为它在外汇市场上进行干预以限制人民币的波动。然而，在这种情况下，中国的中央银行一直在出售外汇储备，仅 2015 年一年外汇储备就减少了 6 600 多亿美元。这一举措使人民币兑美元不至于像市场力量所允许的那样下滑。原因是，中国正试图阻止该国的资本外逃。2015 年中国资本外逃数量预计在 1 万亿美元左右。

过去 5 年，中国经济一直在逐步放缓，通常情况下应该放松货币政策。不过，如果现在要放松货币政策，就有被指责操纵汇率的风险（美国决策者希望看到中国刺激经济，即使出现货币贬值）。与此同时，据报道，中国官员正在考虑实施资本管制以遏制资本外逃，这将使他们有更大的灵活性来放松货币政策。

尽管中国一直是所谓的"货币战争"的焦点，但人们不应该忽视自 2014 年年中以来美元升值的广泛基础——美元贸易加权指数上涨了大约 25%。此后，欧元兑美元汇率下跌约 20%，而几个主要新兴市场货币的价值则进一步大幅下跌。例如，俄罗斯卢布、巴西雷亚尔、阿根廷比索和南非兰特也都在贬值，贬值幅度从俄罗斯卢布的 50% 以上到南非兰特的 30% 不等。

许多商品出口国不像过去那样试图捍卫本国货币不受商品价格暴跌的影响，而是允许市场力量决定本国货币的适当价值。这样做的好处是它可以使汇率在一定程度上弥补其出口商因商品价格下滑所遭受的损失，因为每单位美元出口收入转化为更多的本币收入。与此同时，这些国家面临的主要风险是大规模的货币贬值加剧了一些国家的通货膨胀压力，特别是俄罗斯和巴西，即使经济陷入严重衰退，中央银行也不得不提高利率。

最后，人们可能会问，这对进入选举期的美国经济意味着什么。我的答案是，今天市场上发生的事情非常复杂，而"货币战争"等术语是误导性的。在国际金融危机之后，由于美联储将利息降至接近零的水平并实施了数轮量化宽松（QE），美元被大幅低估。然而，美联储在 2014 年年中向市场发出信号，美国即将结束量化宽松政策并最终收紧货币政策，这导致商品价格暴跌，美元开始稳步上涨。到 2016 年，美国制造业表现疲弱，页岩油生产商面临挑战，相比之下，美元似乎有点昂贵了。

从这个角度来看，美元自 2015 年初以来的上涨是美国与其贸易伙伴不同政策回应的自然结果。如果美国经济在 2016 年出现放缓，那么你应该警惕那些责怪中国和其他国家操纵汇率的政治家，因为美元的变动实际上与国内外的货币政策变化密切相关。

注释

[1] 相关总结参见 *BCA Special Report*，"The Chinese Economy at a Critical Juncture," September 23，2011；关于中国经济增长的各个阶段参见迈克尔·佩蒂斯（Michael Pettis）的博客《中国的金融市场》；2014 年 6 月 18 日有一个有趣的讨论，题目是"中国增长的四个阶段"；其他资料来源参见以斯拉·沃格尔（Ezra F. Vogel）的《邓小平与中国的转型》一书。

[2] 本节引用的数据来自 *BCA Special Report*，"China: Growth Drivers and Long Term Challenges," November 4，2009。

[3] 参见 Martin Wolf's commentary，"Why China's Economy Might Topple,"*Financial Times*，April 3，2013。

[4] *BCA Special Report*，"The Chinese Economy at a Critical Juncture," September 23，2011.

[5] Dan Rohr，"China's Unsustainable Investment Boom," Morningstar，September 16，2011.

[6] Barclays Capital Economic Research，"China Beyond the Miracle," Part 1，September 5，2011.

[7] *Financial Times*，August 21，2015.

[8] Citi Research，"Is China Leading the World into Recession," September 8，2015.

[9] Mizuho Securities Asia Ltd.，"China's 2015 Stimulus package," August 14，2015.

[10] Nomura Global Economics，Asia Special Report，"China: Rising financial Crisis," March 15，2013，p. 5.

[11] 同上，p.7。

[12] 参见 Robert Z. Aliber's commentary，"One More Note on China," September 5，2015。

Chapter Twelve

危机期间的投资准则

在本章中，我们回到一开始就提出的问题：在危机情况下，投资者应该遵循什么样的准则来管理投资组合？这个问题是至关重要的，因为虽然现代投资组合理论的规则可能适用于市场功能正常发挥的情况，但在资产泡沫或金融危机期间（私营部门）金融资产高度相关的情况下，这些理论不再适用。然而，很少有人写文章来指导投资者在这种情况下该做什么。

本书的核心内容之一是，投资者不得不面对布雷顿森林体系崩溃带来的各种冲击，在这些冲击下最优策略也大相径庭。虽然冲击是多方面的，但它们有一个共同点，即它们描述了市场在不平衡状态下运行的情况。在某些情况下，这些冲击本质上是外生的（或外部的）。例如，20 世纪 70 年代和 80 年代早期的石油价格飙升，以及 90 年代后期科技股的暴涨。然而，在大多数冲击事件中，这种不平衡在一定程度上是政府官员为了恢复市场平衡而采取的经济政策所导致的。

本章的目标之一是说明在国际资本流动的增加、金融体系放松管制以及财务杠杆倍增的情况下，危机的性质如何随着时间的变化而变化。我们研究的核心问题是投资者是否有可借鉴的应对方案来配置投资组合。我们首先考虑发达经济体的货币危机是如何演变，这些发达经济体可以发行以本币计价的债务，而发展中国家则必须通过以外币借贷来弥补其不平衡。接下来我们考察了过去 25 年来一系列资产泡沫和金融危机的原因，并解释了为什么它们给投资者和决策者带来了比传统货币危机更大的挑战。最后，本章将以我们公司在大萧条以来最严重的危机中的应对方式为例，描述 2008—2009 年国际金融危机给投资者带来的独特挑战。

货币危机本质的演变

在本书中，我们区分了货币危机和资产泡沫给投资者带来的各种挑战。主要发现是，尽管这两种冲击都要求投资者适应意外事态的发展，但区别在于，在货币危机中存在系统性的市场波动模式，而资产泡沫危机的发展态势会随着政策反应的改变而改变。投资者面临的主要挑战之一是市场对全球冲击的反应会随着利率、汇率和资产价值的波动发生变化。因此，投资者必须对冲击的性质、政策响应和市场反应有清晰的认识，才能成功应对。

首先，本书探讨了布雷顿森林体系固定汇率制度崩溃以后，货币危机的性质如何变化（见表 12.1）。20 世纪 70 年代汇率的主要驱动因素是通货膨胀率差异和贸易、经常账户的不平衡，因此全球投资者大多依靠标准经济学教科书来配置投资组合。然而，扩张的货币政策和财政政策使美国从低通胀国家变成高通胀国家，布雷顿森林体系由此崩溃。在此期间，随着美国通胀加速，市场参与者关注到美国价格竞争力的下降。当美国贸易和经常账户头寸从盈余转为赤字时，决策者们开始感到担忧。但是，美联储在对抗通胀方面并不积极主动，在加息方面始终处于"曲线之后"（落后于形势）。这样一来，因投资者要求以美元计价的资产有更高的利率溢价，于是通过融资来平衡收支失衡的条件逐渐失去吸引力。美国在 70 年代大部分时间里都处于"危机区"。在这种情况下，持有低收益率的德国马克、瑞士法郎和日元等货币成为制胜策略，美元贬值幅度超过了持有这些货币的利差损失。

表 12.1　20 世纪 70—90 年代货币危机的演变

国家	发达国家	发展中国家
70 年代	美元长期疲软（美联储渐进主义）	旧式危机
80 年代	汇率超调（美联储制度转变）	旧式危机（抵押支持证券）
90 年代	风险追逐/风险规避（对汇率机制的冲击）	新型危机（亚洲危机）

20 世纪 80 年代出现了根本性变化，美联储在保罗·沃尔克的带领下，为了应对通胀和支持美元，放弃了渐进主义，采取"休克疗法"以增加政策的公信力。在这种情况下，投资者越来越关注货币供应量的增长，并把货币供应量看

作消除通胀的主要动力和美联储政策的主要中介指标。随着美国利率飙升，利率差异越来越有利于美元，美元汇率稳步上升。利率差异和通胀预期的变化成为汇率变动的主要影响因素。

投资者在这个时期遇到的挑战之一是确定美元升值何时会引发里根政府美元至上立场的变化，以及何时会导致美联储放松货币政策。我和同事约翰·利普斯基（John Lipsky）的结论是：这个转折点发生在1985年初，当时美国经济有显著的放缓迹象，而美国的贸易逆差继续攀升，这些结果提供了令人信服的证据表明美元被高估了。随着美元在未来两年内稳步贬值，我们开始思考货币当局何时会采取行动来稳定美元。我们认为当时的情况会与第一章和第四章中所分析的象限图的顺时针旋转走势一致。这一观点最终得到证实。

从20世纪90年代开始，美联储和其他主要央行力图把通货膨胀率降低到2%的政策目标。通货膨胀率的收敛反过来又意味着通货膨胀的差距在确定美元和其他主要货币的价值方面起到的作用比以前小，长期美元危机的阶段也将就此结束。然而，在20世纪90年代早期汇率机制（ERM）遭受攻击时，一种新的行为模式变得明显，那就是当市场从"风险追逐"模式转向"风险规避"模式。"风险追逐"模式下，高收益货币比低收益货币更受欢迎，而在"风险规避"模式下情况恰恰相反。在90年代初欧元区遭受冲击时，其行为模式也是这样。

新兴经济体：从"旧式"向"新型"危机转变

谈到新兴经济体（见表12.1第二栏），我们区分了20世纪七八十年代普遍存在的经典或"旧式"危机与从20世纪90年代开始流行的"新型"危机。例如，在20世纪七八十年代，找出问题国家的任务很简单。大多数情况下，这些国家拥有庞大的预算赤字和经常账户赤字，而且通货膨胀率也很高。各自央行通常会通过出售外汇储备和（或）提高利率来维护汇率，但一旦储备枯竭，随之而来的将是全面的货币危机。因此，投资者应将政府预算和对外支付失衡的规模、货币供应量的增长率、通货膨胀率和外汇储备水平（相对于进口比例）作为确定一个国家的货币是否面临风险的关键变量。

20世纪80年代初发展中国家债务危机远比以前的危机更为极端，拉美的主要债务国无力偿还跨国银行和外国政府的债务。在这种情况下，向发展中国家提供贷款的商业银行能够监测到超过一年期的外国政府贷款，然而，期限不到一年的债务或拖欠跨国银行贷款总额的资料很少。在条件恶化的情况下，商业银行将贷款展期（通常不超过一年），但它们并不知道其他银行的进度。所以当墨西哥、巴西和阿根廷用完了外汇储备后，债权人才了解到问题的严重性。

债权人从这一事件中获得的主要经验之一是及时收集借款国外债总额数据的重要性。另一个经验是，向那些预算赤字很高的政府贷款是有风险的，因为贷款经常被浪费掉。结论是，很多银行家认为最好是贷给私人部门的借款人，因为这笔资金很可能投向有利可图的项目。然而，在1994—1995年墨西哥比索危机（也称为"龙舌兰危机"）期间，墨西哥比索兑美元汇率下跌了近50%。当墨西哥银行因借入美元在墨西哥投资而面临资不抵债的危险时，墨西哥政府不得不向国际货币基金组织和美国政府求助。

1997—1998年的亚洲金融危机是一个更大的挑战，因为通货膨胀相对较低且公共部门财政状况良好的国家经历了大幅货币贬值。当时的情况主要源于商业地产的繁荣。繁荣期间，该地区的银行将外汇借款用作国内开发商的贷款。而当建筑热潮消退时，这些资本流出该地区，亚洲货币暴跌。央行通过收紧货币政策这一传统的方式作出反应，但银行体系借贷成本随之上升，银行因此受到资产价值下滑的威胁。这种情况引发了国际债权人不得不考虑的一个新的风险层面，即需要评估国内银行体系的健康状况。新兴市场的"新型"危机意味着投资者不得不更加重视借款人和金融机构的资产负债表状况。

资产泡沫的产生与金融危机

正如米尔顿·弗里德曼（Milton Friedman）认为通货膨胀"永远都是货币现象"一样，快速的信贷扩张就是创造资产泡沫的对应物。20世纪90年代之后，美联储和央行成功地将通货膨胀降低到可接受的水平。然而，它们对私营部门的信贷增长关注较少。例如，美国的非联邦债务占国内生产总值（GDP）的比重，从20世纪80年代中期的刚刚超过1倍，到国际金融危机前夕达到了两倍的峰值。[1]包括家庭、企业和金融机构在内的全部金融资产占GDP的比重在这一期也翻了一番，从5倍扩大到10倍。[2]

根据经济史学家艾伦·泰勒（Alan M. Taylor）的说法，私人部门信贷爆炸的发生从根本上改变了金融环境，迎来了他所说的"信贷时代"：

"虽然广义货币相对于GDP几乎保持在0.7左右（仅在21世纪初有所上升），但银行资产负债表的资产端却出现了爆炸性增长，贷款占GDP比重从0.5增至1，增长了1倍，资产占GDP比例从0.7增至2，增长到原来的3倍。广义货币与贷款的脱钩反映了银行资产负债表上非货币负债（如批发融资）的增加。银行资产更加快速的扩张也反映了这一点。此外，同业贷款也在增加。"[3]

所有这一切最终导致美国金融体系的杠杆率相对于之前大幅上升："最终，可以看到原先单一资金来源方式并受到资本保护的银行体系，随着时间的推移内生性地转向了其他的资金来源，如银行间市场的批发业务，它没有像之前那样被纳入资本保护，至少没有明确保护。"[4] 最终私人部门信贷的快速扩张和金融体系从传统银行贷款向另类融资渠道的演变成为美国和其他发达经济体发生资产泡沫的根源。简而言之，2008—2009 年的国际金融危机回答了人们几十年来一直在问的问题，即美国经济在不出现金融危机的情况下能够承受多少债务？

到目前为止，人们越来越认识到信贷的迅速扩张对资产泡沫的创造所起的作用。国际清算银行（BIS）的研究人员在分析金融周期的决定因素方面做得非常出色。根据他们的研究，作为杠杆代理指标的信贷总额和作为抵押物指标的房价在决定金融周期方面发挥着特别重要的作用。金融危机通常可持续 15~20 年，并且可以跨越几个商业周期。与此同时，这也给投资者带来了巨大的挑战，因为在"明斯基时刻"（Minskey Moment）到来以及泡沫破灭之前，债务的累积可能会持续很长一段时间。此外，预测决策者应对资产泡沫的方式比预测他们应对典型的货币问题的方式更难。例如日本央行和东亚国家央行在资产泡沫破裂时收紧货币政策，而美联储在科技泡沫破裂和 2008 年国际金融危机之后却将利率降至历史低点。

今天的情况特别复杂，因为中国和亚洲其他经济体经历了债务（由国内融资而非从国外借款）的迅速增长。过去 15 年，亚洲许多经济体获得了大量外汇储备而且通货膨胀率很低，并没有发生传统货币危机的风险。然而，债务的增加导致房地产和制造业产能过剩，这也许会在某些时候形成全面的资产泡沫。目前，中国可以通过适度的货币政策和后续的财政政策来灵活化解，所以它的情况可能会与日本和美国有所不同。但是，在某种程度上政府展期不良贷款可能会导致中国经济增长放缓。在这种情况下，投资者面临的关键问题是，如果中国的经济放缓是循序渐进的，那么目前市场已经作了消化；如果经济急剧放缓，那么市场就不能充分消化。与此同时，大宗商品价格暴跌导致巴西、委内瑞拉、俄罗斯等大宗商品生产国有可能拖欠外债。

认识到过去 45 年来货币危机和资产泡沫演变的本质后，人们可能会问，今天我们该何去何从。依我看来，现今最困难的挑战之一就是深入了解金融体系这个"黑匣子"并确定其中蕴含的相关性与杠杆率。国际清算银行关于银行风险敞口和金融周期的研究特别有用，因为它为评估金融体系风险以及持续监测发达经济体和新兴经济体的状况提供了一个分析框架。[5] 目前，美联储、美国财政部和国际货币基金组织正在开展的鉴别宏观审慎风险的工作也应该是有价值的。

不过，专业投资者最后还是要在没有完整信息的情况下作出判断。出于这个原因，我和我的同事现在关注一系列广泛的市场指标，这些指标将提供有关系统可能承压的线索。我们也制定了一套监测信贷市场状况的指标，因为这些指标提供了引发金融危机的早期信号。最后，我希望经济学专业人士能够更好地理解信用创造过程，因为它是评估资产市场和金融体系可能的繁荣和萧条的关键。

对 2008—2009 年国际金融危机的看法

本书写到的 2008 年国际金融危机，是迄今为止投资者面临的最大挑战，这场危机是大萧条以后国际金融体系面临的最大威胁。首先危机起始于金融体系中的一小部分（次级抵押贷款支持证券），然后随着时间的推移不仅影响美国的信贷市场，还影响到世界其他地区的信贷市场。像许多疾病一样，尽管从 2007 年年中开始问题的症状越来越多，人们并没有意识到金融系统正在被感染。直到 2008 年 9 月雷曼兄弟倒闭，整个问题才变得清晰起来。这个时候，对于决策者来说，防止金融资产（包括高级别的、被视为非常安全的公司债券）价格近乎自由落体式的下跌已经太迟了。跨越各个资产类别和全世界范围内资产抛售的广泛性意味着投资组合的多样化给投资者提供的保护很少或根本没有保护。从那以后，我多次考虑过这个问题："在这种情况下，投资者应该做什么？"

其中一个答案可能是 2008 年国际金融危机等事件极为罕见，或者说是"黑天鹅"，而且没有什么依据可以对它们进行广泛的概括。如果这是真的，那么投资者应该尽自己最大的努力来渡过难关，并希望下一个危机不会到来。我自己的看法是，如果资产泡沫和金融危机极其稀少，这或许是可以接受的。然而，从本书提出的案例可以看出，在过去的 25 年里，事实上它们已经变得越来越普遍了。

此外，一些观察人士可能会得出结论，尽管投资组合多样化在泡沫破裂之后的短期内可能不成立，但它仍然适用于长期投资。我对这个论点有些同情，因为人们倾向于下意识地对下跌作出反应，在不恰当的时间"卸货"。但我也认为，财务顾问不应该过度吹嘘国际多元化的好处：他们需要承认，金融市场日益相互联系的全球化进程意味着各个市场之间的相关性在不断增加。简而言之，多样化的好处不像全球化盛行之前那么多。

投资者在这种情况下的自然反应应该是通过削减风险资产和筹集现金或增加国债来防御性地配置投资组合。在市场周期的萧条时期，当混乱和恐惧重演时，这种方法肯定是有逻辑的。但是这就引出了什么时候再投资基金的问题。这个决定对于一个超卖的市场至关重要。然而，实施起来并不容易，因为在市场崩溃之后，人们总是风声鹤唳的。

因此，重要的是要制定一个在周期的下降阶段能够保护投资组合并随时准备利用市场超卖条件的策略。我认为决定何时重新配置资产的关键因素是确信政策能够稳定局势。我们的母公司西南金融集团在国际金融危机中就使用了这种方法。虽然我们的投资团队在 2008 年的抛售阶段遇到了很多挑战，但是我们从 2008 年底开始分阶段实施了再投资计划，使得公司能够从之后 5 年的巨大反弹中受益。

指导原则：价值规律的重要性

华盛顿堡投资顾问公司（Fort Washington Investment Advisors）是西南金融集团的投资附属公司，其指导原则是在保持严格的价值纪律的同时，在长期中战胜市场。这种方法的优点之一是，价值导向型投资组合管理者比趋势型投资者或指数趋势追随者更不可能成为非理性繁荣的受害者。与此同时，我们认识到有价值纪律并不意味着能够永远跑赢市场。实际上，当市场疯狂并忽略估值时，价值管理者面临的最具挑战性的时期就会出现。如果这种情况持续的时间不长，那么处理这些情况就容易多了。但是，过去 20 年的经验却不然。

当市场形成泡沫，估值拉高时，投资者面临两大挑战：一个是要从市场超调中脱身，另一个是要正确地诊断问题。在第九章中关于哈佛商学院格兰瑟姆（Grantham）、梅奥（Mayo）和范·奥特洛（van Otterloo）的案例研究描述了在技术泡沫期间的情形，当他们失去了管理的一半资产时是多么的困难。

虽然杰里米·格兰瑟姆（Jeremy Grantham）批评了采取指数追随策略的投资组合经理，但我自己的观点是，如果你对发生的事情感到困惑或不确定，暂时使用一个基准参照物是可以的。当我在 20 世纪 90 年代后期误判了东南亚危机的局势时，我第一次学到了这个教训。后来我又因过早判断科技股牛市结束的时间，再次得到了这个教训。这两次经历帮助我度过了职业生涯中最大的挑战——国际金融危机。

保持灵活性的重要性

我在职业生涯中学到的主要经验之一是在危机形势发展时保持灵活性的重要性，因为对问题的初步诊断可能是错误的。这个经验在 2007 年特别适用，当时我开始关注美国住房市场次级贷款问题。我最初的想法是，这个部分对美国经济的影响微不足道。所以，当看到美联储官员对其重要性轻描淡写时，我觉得很欣慰。

然而 8 月，我对这种情况的看法发生了变化，当时欧洲央行和联邦储备银行被要求向商业银行提供流动性以应对欧洲的信贷市场收紧。随着这一发展而来的是自 2002 年以来信用利差首次扩大，我们的固定收益投资组合经理们开始担心美国债券市场的流动性下降。而我担心信贷市场条件的紧缩对经济的影响可能比我以前预期的更为严重。

当美国股市在第四季度开始出现抛售时，我和我的同事约翰·奥康纳（John O'Connor）一致认为，现在是时候为我们母公司制订一项减仓计划了，特别是针对我们公司持有过大头寸的美国金融市场。我们的想法是建立一个"战争基金"（war chest），一旦市场崩溃结束，我们就可以更便宜地购回资产。这个计划得到了风险管理委员会的批准，不久我们就开始实施。不过，在 3 月贝尔斯登（Bear Sterns）倒闭后，我们暂停出售银行股，当时由于美联储将基金利率从 3% 调低至 2%，股市出现反弹。

与此同时，由于信用利差持续扩大，非机构抵押贷款支持证券（MBS）市场陷入停滞，形势促使我们把注意力重新转向美国债券市场。我们的投资专业人士发现，当他们试图退出某些头寸时，信贷市场流动性变得很差。我们对高评级债券价格下跌幅度之大也感到非常惊讶。随着问题蔓延到联邦抵押贷款机构和主要金融机构，整个夏天情况持续恶化。

当雷曼兄弟 9 月中旬倒闭时，恐慌降临，货币市场基金受到威胁。我们发现在市场崩溃时除了现金、黄金和美国国债以外，资金无处可投。令人震惊的是，我们的公司债券价值远低于其面值，投资级债券收益率平均接近 10%，而高收益债券收益率接近 20%。固定收益市场缺乏流动性导致资产清算成本十分高昂。而结构性产品市场也已经停止运作。

因此，在雷曼兄弟倒闭之后的恐慌期间，我们别无选择，只能继续持有债券头寸，渡过难关，并根据需要减持股票。尽管我们对此感到震惊，但我们仍然很欣慰，因为我们的投资组合非常多元化，而我们的债券投资组合总体上质量很高。因此，一旦金融状况稳定，我们预计将会迎来反弹。

如何应对超卖市场

随着风险资产在 2008 年第四季度大幅贬值，我们更加确信它们被超卖了，但我们不确定将资金重新投入到市场中去的时机。我们知道，最佳行动时间是当市场情绪变得极度悲观，人们很害怕的时候。杰里米·格兰瑟姆（Jeremy Grantham）在一篇题为《在恐慌时进行再投资》（*Reinvestment When Terrified*）

的文章中总结得非常好：

> "克服末期麻痹（Terminal Paralysis）只有一个办法：你必须有再投资的战斗计划，坚持下去。由于每一个行动都必须克服麻痹，我建议只采取几个大的步骤，而不是很多小步骤……请记住，你永远不会陷入低谷。"[6]

就我们而言，我们决定从2008年底开始分阶段进行再投资。我们认识到经济和金融机构的情况是如此不稳定，但我们欣慰的是，决策者承认了系统性问题且美联储果断地实施了宽松的货币政策。

鉴于当时巨大的不确定性，我们认为最好的策略是分阶段投资。2008年12月，因为固定收益负责人罗杰·兰哈姆（Roger Lanham）确信公司债券收益率的激增是他职业生涯中最好的买入机会，我们初次尝试增持投资级公司的债券。不久之后，我们增加了BB-和B-级高收益债券的风险敞口，因为我们的首席投资组合经理布伦丹·怀特（Brendan White）坚称，我们的信用风险得到了很好的补偿。事实证明，他的主张是有先见之明的，因为投资组合中只有一只债券违约，而高收益债券也成为数年来表现最佳的资产。

重新投资股票的决定受到杰米·威廉（Jamie Wilhelm）的影响。杰米负责我们重点关注的股权投资组合，他也是从市场演进历史中学习的模范。杰米在2008年末第一次敦促我增加股票头寸，当时标准普尔500指数已经跌至750点。据他计算，这相当于重置成本的价格。不过，因为当时我不确定银行体系是否稳定，我没有执行他的建议。

2009年初，当"不良资产救助计划"（TARP）转变为旨在资助陷入困境的银行的计划时，我对金融体系的稳定性更加有信心。不久之后，大多数金融机构通过了资本充足情况的压力测试，我们开始增加股权投资。尽管当时很多投资者认为股市随后的上涨完全是美联储调节立场的结果，但我们不这么认为。我们认为美国企业能够适应经济温和增长的环境，所以股市估值是合理的，企业盈利前景良好。

回顾我们在这场动荡中幸存下来并最终从随后的市场反弹中获益的经历，我对我们公司资产负债表的实力有了更多的了解。我们公司负责人约翰·巴雷特（John Barrett）长期以来一直把资本资产比率维持在金融服务行业中的最高水平（目前为18%）。尽管在金融危机最严重的时候，这个比例跌到了10%的低点，但仍远高于大多数金融机构的比率。因此，我们公司从来没有因不利的市场条件而被迫清仓，我们有足够的资本渡过难关。

对我们母公司和外部客户而言，这个故事有一个圆满的结局：西南金融集团如今的资产负债表是其 126 年来最强的。自从 2008 年底以来，外部客户——华盛顿堡投资顾问公司也收获了 25 年来最好的业绩。除了对危机的把握之外，部分原因还在于我们努力改善了投资程序和风险控制程序。

结论

本案例研究的要点总结如下：

第一，在资产泡沫和金融危机中管理资金对任何投资者来说都是最具挑战性的经历之一，而且判断危机的时机本质上是很困难的。由于情况往往复杂多变，你最初的评估可能是不正确的。因此，需要保持灵活性，首要目标应该是确保自己能在大规模市场抛售中生存下来。

第二，防范非理性行为最好的办法是拥有价值取向。当资产价值偏离时，谨慎的做法是削减持有量，增加现金和（或）减少风险资产头寸，特别是在出现信贷问题或通胀的迹象时。但是，也必须做好资产价值长期偏离的准备。

第三，投资者在超卖时应该制订一个重新调配资产的计划，因为这是大幅跑赢大盘的最好机会。我赞成分阶段进行，而不是一次性或者小幅增加的方式。

第四，资产负债表强劲的金融机构优于资产负债表弱化的机构，因为前者有足够的资金来渡过难关，不太可能被迫清仓。

总之，这些准则在国际金融危机期间对我们公司很有帮助，我相信它们也适用于应对未来的危机。

注释

[1] BCA Special Report，"The Financial Crisis of 2007-09: Lessons learned and Where We Go From Here，" June 11，2010，p.3.

[2] 同上，p.4。

[3] Alan M. Taylor，"The Great Leveraging" presented at the BIS Annual Conference，Lucerne，June 2012.

[4] 同上。

[5] BIS 84th *Annual Report*，Chapter IV，"Debt and the financial cycle: domestic and global，" June 29，2014.

[6] 参见 2009 年技慕环球通金融有限公司（GMO）的网站。

Postscript
后记

20世纪70年代布雷顿森林体系的崩溃，标志着主要货币的可调整固定汇率制度的破灭，美国高通货膨胀和美元贬值引发的汇率风险因而充分暴露，由此引发的货币和国际收支危机成为当时经济危机的主要表现形式。当时间行进到20世纪80年代中期后，在《广场协议》下日元大幅升值并终究带来了资产泡沫破灭的危机。这种由资产泡沫和外部危机交织在一起的新型危机在美国次贷危机时期达到顶峰，并最终酿成迄今为止影响最为深远的国际经济危机。40多年来频频发生的经济危机体现了前后两个阶段的不同特征，前期的经济危机以外部失衡的货币和国际收支危机为主要特征，而后期经济危机更多地表现出了外部危机与资产泡沫交织在一起的新型危机。本书的作者以史论实相结合的方法剖析了40多年来全球主要经济金融危机的演变轨迹，探讨了典型的货币危机和资产泡沫危机的本质差别和联系，为学术研究和政策制定提供了很好的观测视野。更重要的是，作者以亲身经历多次危机的投资实践为蓝本，用四步分析法——问题诊断、政策反应、市场反应和投资组合配置，对投资者如何分析和应对不同类型的经济金融危机提供操作指南。

本书的出版要感谢浙江大学经济学院和金融研究院对本书翻译

的支持，感谢中国金融出版社王效端主任和王君编辑的辛勤付出。本书的翻译由杨柳勇和高俊统筹完成。杨柳勇博士现为浙江大学经济学院教授和金融研究院副院长。高俊博士毕业于普林斯顿大学，他与本书作者尼古拉斯·萨根（Nicholas P. Sargen）及出版商取得联系并得到了中文版的出版许可。参与翻译书稿的还有浙江大学经济学院的王蓓蓓、冯怡恬、杨世林、褚益钦。翻译文本有不当之处，敬请读者批评指正。

译者

2020 年 7 月